SOS

TENGO UN JEFE TÓXICO

SOS

TENGO UN JEFE TÓXICO

Pablo Adán

Diseño de la cubierta: *Cuadratín*
Diseño de la colección y pre-impresión: *Grupo RC*

Datos catalográficos

Adán, Pablo
SOS. Tengo un jefe tóxico.
Primera Edición

Alfaomega Grupo Editor, S.A. de C.V., México

ISBN: 978-607-538-546-4

Formato: 15 x 23 cm   Páginas: 132

SOS. Tengo un jefe tóxico
Pablo Adán
ISBN: 978-84-948972-5-2 edición original publicada por SC Libros, Madrid, España.
Derechos reservados © 2019 SC Libro
SC Libro es un sello y marca comercial registrado por Grupo Ramírez Cogollor, S.L. (Grupo RC)

Primera edición: Alfaomega Grupo Editor, México, enero 2020

© 2020 Alfaomega Grupo Editor, S.A. de C.V.
Dr. Isidoro Olvera (Eje 2 sur) No. 74, Col. Doctores, 06720, Ciudad de México.

Miembro de la Cámara Nacional de la Industria Editorial Mexicana
Registro No. 2317

Pág. Web: **http://www.alfaomega.com.mx**
E-mail: **atencionalcliente@alfaomega.com.mx**

ISBN: 978-607-538-546-4

Empresas del grupo:

México: Alfaomega Grupo Editor, S.A. de C.V. – Dr. Isidoro Olvera (Eje 2 sur) No. 74, Col. Doctores, C.P. 06720, Del. Cuauhtémoc, Ciudad de México – Tel.: (52-55) 5575-5022. Sin costo: 01-800-020-4396
E-mail: atencionalcliente@alfaomega.com.mx

Colombia: Alfaomega Colombiana S.A. – Calle 62 No. 20-46, Barrio San Luis, Bogotá, Colombia, Tels.: (57-1) 746 0102 / 210 0415 – E-mail: cliente@alfaomega.com.co

Chile: Alfaomega Grupo Editor, S.A. – José Manuel Infante 78, Oficina 102. Providencia-Santiago, Chile Tels.: (56-2) 2235-4248 y (56-2) 2235-5786 – E-mail: agechile@alfaomega.cl

Argentina: Alfaomega Grupo Editor Argentino, S.A. – Av. Córdoba 1215, piso 10, CP: 1055, Buenos Aires, Argentina Tels.: (54-11) 4811-0887 y 4811 7183 – E-mail: ventas@alfaomegaeditor.com.ar

Simplemente un náufrago, una isla perdida en el mar.
Otro día solitario con nadie aquí más que yo.
Más soledad de la que ningún hombre puede resistir.
Rescatadme antes de que caiga en la desesperación.
Enviaré un SOS al mundo.
Espero que alguien reciba mi mensaje en la botella.

...

Ha pasado un año desde que escribí mi nota,
pero debería de haberlo sabido desde el principio.
Solo la esperanza puede mantenerme cuerdo.
El amor puede arreglar tu vida, pero el amor puede romper tu corazón.
Enviaré un SOS al mundo.
Espero que alguien reciba mi mensaje en la botella.

...

Esta mañana salí a caminar, no me creía lo que veía.
Cien mil millones de botellas arrastradas por la corriente hasta la orilla.
Parece que no estoy solo en esto de estar solo.
Cien mil millones de náufragos en busca de un hogar.
Estoy emitiendo un SOS

...

The Police. Message In a Bottle.

Índice

Prólogo 11

Introducción 15
    Un mensaje en una botella 15
    Aproximación al lado oscuro 15
    Por los náufragos 16

1. De amos y esclavos 17
    El carisma 18
    Las masas 19
    El peligroso atractivo de algunos líderes 20

2. Autoridad, poder e influencia 21
    El privilegio de la autoridad 21
    El poder y la influencia 22
    Persuasivo y contagioso 23
    Mejor ser temido que amado 25
    La hermandad 27
    Miedo y violencia 28
    El Padrino 29
    Qué hacer 31

3. Liderazgo positivo vs. liderazgo negativo 33
    Liderazgo negativo. Yo, mis normas 34
    Liderazgo positivo. Situación y efectividad 35
    ¿Y para qué ser altamente efectivo? 36
    Bienvenido a la jungla. La cruda realidad 38
    El buenrollismo en la gestión de personas 39
    Concluyendo 41

4. Pero cómo es el jefe tóxico 43

    Referencias 43

    Gestionar su autoridad 45

    Y de dónde viene su toxicidad 47

    Nadie le entiende 48

    Tiene sus motivos 49

    Describiendo al jefe tóxico 50

    Diez características del jefe tóxico 51

5. La gestión del talento 55

    La flor venenosa. Atraer y destruir 55

    Sin compromiso no hay retención 57

    Cada uno sus expectativas 59

    ¡Que pase el siguiente! 60

    El rastro sospechoso 60

    Malditos infieles 61

6. El triturador de emociones 65

    Riesgos y consecuencias 65

    Solo es cuestión de empatía 68

    La autojustificación 69

    Subidones y bajones 70

    Hoy te quiero, mañana te odio 72

    El trastorno, en serio 73

7. El aire huele a veneno 75

    El Gran Hermano 75

    ¿Qué es legal y qué no lo es? 77

    Pero ¿de qué información hablamos? 78

    Se acabaron las tonterías 79

    Un poquito de flexibilidad 80

    No es tan complicado 81

    Las tonterías 83

    La toxicidad puede estar en la mesa de al lado 84

8. Alta tensión 87

    A punto de estallar 87

    Estrés bueno y estrés malo 88

    No come, no duerme, no para 90

    Pura adicción 91

    Lo disfrutas o lo sufres 92

    Niégate si puedes 94

Controlar el estrés 95

9. Más mentiras que verdades 97
    Las grandes mentiras 97
    Para qué miente 99
    Y qué podemos hacer 100

10. Divide y vencerá 101
    El individualismo 101
    Mejor en equipo 103
    Uno más uno es cero 104

11. La ratonera 105
    El jefe trampero 105
    Los juicios públicos 106
    El efecto humillación 107

12. Bailando con lobos 109
    Los empleados que merece 109
    La guardia pretoriana 111
    Investiga quién es quién 115

13. La huella tóxica 117
    Los 4 vínculos 117
    La marca personal es la huella 118
    Con prestigio y sin reputación 120
    Algún día tendrá que cambiar 121

14. Sobrevivir al jefe tóxico 123
    Las opciones 123
    Algo de culpa tenemos 125
    Diez claves para sobrevivir 127

Prólogo

Cuando Pablo me propuso prologar su libro, me sorprendí. Porque, aunque nos seguimos la pista profesionalmente desde hace tiempo a través de las redes y de lo publicado, apenas hemos tenido un par de interacciones personales. Y por ello me pareció una temeridad el encargo, y así le respondí: «Abrumado por la responsabilidad de la confianza que depositas en mí, pero por supuesto animado a asumir el reto».

Yo intuía que Pablo no da puntadas sin hilo, y él sabía a qué puerta llamaba. Primero, porque insistió mucho en que *«en que primero te tiene que gustar, no te sientas obligado si no suscribes parte al menos de lo escrito».* Quien me conoce sabe que basta que me suelten ese comentario para que yo lo reinterprete como una provocación al desafío de asumir la propuesta. Y también, porque la temática de tratar el lado oscuro del liderazgo despertó mi curiosidad, siempre ávida de conocer otros puntos de vista originales e innovadores, sobre cualquier aspecto relacionado con la gestión de personas en las organizaciones, ¡mi pasión!

Y la verdad es que mis expectativas se han visto satisfechas. Pablo Adán, conocido conferenciante y profesor de Liderazgo, Marca Personal y reputación digital, sale de su zona de confort de escribir sobre los aspectos «vendedores» del deber ser del liderazgo y decide valientemente abordar de una forma sistemática y argumentada los mecanismos y las técnicas que un liderazgo tóxico utiliza o manifiesta, y qué consecuencias tiene o puede provocar en las personas a las que lideran y en las organizaciones que las amparan, en el corto, en el medio y en el largo plazo.

De la lectura del libro se intuye que para el autor la motivación de escribirlo respondía a una necesidad de dar voz a muchos profesionales que las han sufrido y las han compartido con él, con la esperanza de que pueda ayudarles a identificarlas y a saberse proteger de ellas.

El libro me suscita dos reflexiones. La primera, que por mi experiencia me temo que, en general, los roles puros y exclusivos, en los que los intelectuales e investigadores del management les gusta clasificar a las personas, rara vez se dan. Todos somos una genuina e individual mezcla de nuestra particular biología, de nuestras creencias y de nuestras experiencias, y además en constante evolución inacabada. Con lo que me atrevo a afirmar que, igual que no existe el líder positivo puro, sino que, a lo sumo, su tendencia general será a actuar como tal, con fases o momentos en que manifestará comportamientos en su dirección de personas que no podríamos calificar como propias del liderazgo positivo, tampoco creo que se dé un contumaz y «perfecto» liderazgo negativo. Con lo que, a pesar de la ayuda del libro de Pablo para identificarlos, será mucho más difícil de lo que intuitivamente podamos suponer.

La segunda, que igual que nos hacemos el interrogante de si el líder —positivo— nace o se hace, el mismo puede plantearse respecto del líder negativo. Dada mi confianza —a lo mejor ingenua— en la bondad natural del ser humano, salvo quien carezca biológicamente de la capacidad física de empatizar con los demás o la tenga psicológicamente seriamente dañada, no creo que nadie quiera ser consciente y voluntariamente un líder negativo. Si esto es así, llegar a serlo habrá sido la consecuencia de un mecanismo de defensa desarrollado o aprendido inconscientemente para ocultar o sobrevivir a su propia inseguridad personal, o una exacerbada ambición u orientación a la consecución de resultados personales o profesionales.

Y, bajo esta premisa, como tal forma de liderar aprendida, si fuéramos capaces de generar autoconciencia en el jefe tóxico, ¿sería posible «curarlo» con alguna metodología o terapia que le ayudara a desaprender? Tras la lectura del libro, saquen los lectores sus propias conclusiones; o quizá sea materia para otro libro.

En todo caso, como Presidente Nacional de la asociación profesional que representa a los profesionales de la función de gestión de personas en las organizaciones, lo que me preocupa es, dadas nuestras responsabilidades en las empresas de velar por que las personas trabajen en un entorno saludable, a ser posible felices y comprometidas con lo que hacen y, desde luego, respetando y haciendo respetar su dignidad personal, ¿cómo podemos ayudar a identificar a un líder negativo, cómo podemos neutralizar su toxicidad y cómo podemos proteger a sus colaboradores? En el libro encontraremos pautas sugeridas.

Y estamos obligados a ello, no solo desde una convicción vocacional y ética de nuestra ¡pasión por las personas!, sino también desde un punto de vista jurídico. Me permito recordar a los lectores que el Estatuto de los Trabajadores reconoce en los apartados c) a e) de su art. 4 los derechos de los trabajadores (reconocidos a todo ciudadano en la Constitución) a no ser discriminados directa o indirectamente por causa alguna, a su integridad física y a una adecuada política de prevención de riesgos laborales (incluidos los riesgos psicosociales), y al respeto de su intimidad y a la consideración debida a su dignidad, comprendida la protección frente al acoso; lo que implica la correlativa obligación empresarial de adoptar las políticas y medidas adecuadas para protegerlos, dando al empresario incluso la facultad de despedir disciplinariamente al empleado que acosa (art. 54.1.g ET).

El acoso cuando se produzca dentro del ámbito a que alcanzan las facultades de dirección empresarial, cualquiera que sea el sujeto activo del mismo, siempre que, conocido por **el empresario**, este **no hubiera adoptado las medidas necesarias para impedirlo** puede ser motivo de imposición de una sanción muy grave (art. 8.13.bis de la LISOS), sancionable con multa de hasta 187.515 €.

En conclusión, es una materia para tomarse muy en serio. Gracias, Pablo, por la osadía de ponernos en la agenda de nuestras prioridades «limpiar» nuestras organizaciones de líderes tóxicos.

Juan Pablo Borregón Baños
Director Recursos Humanos
Presidente Asociación Española de Dirección y Desarrollo de Personas
(AEDIPE)

Introducción

UN MENSAJE EN UNA BOTELLA

He recibido y escuchado muchos mensajes SOS. La vida junto a personas tóxicas es difícil pero estando bajo un jefe tóxico todo es peor, más trágico, más destructivo. Y de eso voy a hablar.

Más de diez años impartiendo formación en liderazgo y trabajo en equipo en empresas, centros de formación y escuelas de negocio me han enriquecido con múltiples escenarios y con diferentes visiones sobre el rol del jefe. He estado gran parte de mi vida profesional cerca del liderazgo organizativo, político y social, de la marca personal, los recursos de la comunicación y el análisis de las relaciones sociales, y ha llegado el momento de ordenarlo todo.

Cuando activas la escucha en entornos reales y cercanos, en la confianza de círculos cerrados a tantas personas que sufren un liderazgo antagónico a los principios buenistas e ideales, te planteas que vale la pena profundizar en ello y poner algo de luz, intentar analizarlo y justificarlo o lo contrario.

Todo comenzó con unas notas, luego algunas conversaciones y el proceso evolucionó hasta un estudio combinado en redes sociales y sesiones con alumnas y alumnos de programas de liderazgo. Y al final tomó cuerpo y sentido.

APROXIMACIÓN AL LADO OSCURO

Este libro es una recopilación de actitudes diarias de dirigentes de nuestro entorno; en nuestras empresas, nuestros clientes, nuestros proveedores, en la empresa de al lado. Es una aproximación al lado oscuro del liderazgo, que posiblemente solo es una parte de la realidad, pero es una parte muy relevante.

Del lado bueno, del líder ideal, de los grandes referentes mundiales, de Steve Jobs, Obama, Mandela, Gandhi ya se ha escrito bastante y se seguirá escribiendo, pero el liderazgo negativo parece que se resiste ante esta oleada de buenismo editorial.

El liderazgo positivo más que una realidad es una aspiración, y aunque sirve de referente y comparación, el interés de este estudio se centra en el contraste con la realidad, la cruda realidad.

Este libro debe entenderse como una visión colectiva. Si no te ves reflejado entre los párrafos de este libro, tanto si eres responsable o jefe como si eres empleado o ejecutivo, eres un privilegiado. Pero si te sientes identificado en alguno de ellos confío que te ayude a reflexionar sobre las consecuencias negativas que este comportamiento produce en ti mismo, en las personas de tu entorno y en la propia organización.

En cualquier caso deberías leer este libro porque te ayudará a comprender esa realidad oculta. No aparece en las clases de másteres, ni en las escuelas de negocio, pero es una corriente dominante, con demoledores efectos y sin visos de extinción.

POR LOS NÁUFRAGOS

Vamos a introducirnos juntos en un mundo paralelo. Un mundo laboral que saca lo peor de las personas, las atrapa y presiona. Un liderazgo negativo que va en dirección contraria a los manuales que dibujan el perfil del héroe de la organización, un liderazgo que resta y divide.

No pretendo denunciar, no soy quien para hacerlo porque a nadie represento. Solo quiero aflorar y compartir esa realidad antónima, que no vende, pero existe y se sufre.

Va este libro por los sometidos, angustiados, huérfanos de alguien a quien seguir, de alguien de quien poder aprender y esperar ayuda. Por los náufragos que envían un SOS al que nadie responde, por esas miles de botellas que flotan cada día esperando llegar hasta alguien que los ayude a salir de su soledad.

Para aquellos que sueñan con tener un día a un responsable superior en forma de príncipe azul, un guía, un ideal, alguien de quien aprender y alguien a quien admirar, pero cada día conviven con lo contrario.

Vamos a hablar desde abajo, desde muy abajo.

De amos y esclavos

Para comprender la visión del ejercicio del liderazgo y la gestión del poder hemos de mirar hacia atrás. Desde hace más de un siglo filósofos, sociólogos y psicólogos han estudiado las estructuras sociales y las relaciones entre el poder y los súbditos.

No voy a hacer un extenso repaso de estas teorías para no aburrirte, pero sí me voy a centrar en los tres referentes que, en mi opinión, nos van a ayudar a comprender mejor los principios que justifican la presencia del liderazgo negativo en nuestras organizaciones, que son:

- El hombre superior.
- El carisma colectivo.
- La psicología de masas.
- El subconsciente y las relaciones sociales.

El Superhombre

Friedrich Nietzsche[1] es sin duda uno de los grandes inspiradores de esta historia. En su obra *Así habló Zaratustra* (*un libro para todos y para nadie*, según subtituló el propio autor) criticaba, a finales del siglo XIX, la función de las masas populares, a las que definía como "*manada*" o "*muchedumbre*" porque se adaptaban a las tradiciones, eran incapaces de avanzar y por lo tanto aceptar o generar cambios.

Nietzsche presenta al *Superhombre* como un ser individualista, utópico y seguro de sí mismo. A partir de este concepto planteaba la necesidad de crear un hombre con un nivel superior de cualidades de las que poseía la gente normal.

---

1 Friedrich Wilhelm Nietzsche, filósofo, poeta, músico y filólogo alemán, uno de los pensadores más influyentes del siglo XIX. Autor de *Así habló Zaratustra* en 1893.

Su modelo del nuevo hombre, el mesías anunciado, se basaba en cuatro principios fundamentales:

- La influencia ética, moral y religiosa provoca debilidad y sumisión. Los líderes que actúan con valores inspirados en estos principios no llegarán lejos pues limitarán el ejercicio de su autoridad, reduciendo la posibilidad de sanciones. Este *Superhombre* no obedecerá más leyes que las que se da a sí mismo.
- Esta nueva figura humana será vital, con poder, adelantado a su época, inteligente e independiente. Estará por encima del bien y el mal y actuará con independencia, sin ataduras.
- Su nivel de autodominio lo liberará de sus prejuicios y de lo que puedan pensar de él las personas que lo rodean.
- Dispondrá de una voluntad creativa en el orden social, y se caracterizará por una fuerte voluntad de poder, porque es su destino. Esta voluntad de poder le hace libre y le predispone para ordenar la vida de los demás.

Pero la gente normal no entiende a *Zaratustra*, y parece no estar interesada en el *Superhombre* que profetiza. Porque una cosa es aceptar al líder y otra acatar sus personalistas principios éticos y morales.

EL CARISMA

Para Max Weber[2] el **carisma** es la cualidad de una persona que le lleva a ser colocada aparte de los hombres ordinarios y le asume dotado con energías y cualidades superiores o excepcionales. Define el carisma como *"un aspecto integrado en el entorno social que facilita la transmisión de emociones a otras personas que inspiran y promueven cambios en las personas y en su actitud"*.

El sociólogo alemán destaca que la importancia se encuentra en identificar el liderazgo en función de la autoridad que le confiere su posición y del uso que hace de ella. Así nos plantea tres tipos de liderazgo según la forma en la que le ha sido concedido el poder:

- **Institucional**, obtenido por sus méritos adquiridos o por elección.
- **Tradicional**, otorgado por jerarquía o costumbre.
- **Carismático** o genuino, conferido por sus seguidores por respeto y admiración.

---

2   Max Weber, filósofo, economista, politólogo y sociólogo alemán (1864-1920).

El carisma, como la marca personal, se tiene pero necesita ser proyectado para generar un efecto en las personas, manteniendo fidelidad a unos valores, sacrificándose por el bien común, proyectando una visión de futuro colectivo y generando argumentos para creer en él.

Pero este carisma tiene también su lado oscuro, que se produce cuando se traspasa el punto de equilibrio entre la humildad y la soberbia, lo que genera tendencia a la sobrevaloración de uno mismo y al narcisismo, que termina alejándolo de las personas y de la realidad.

LAS MASAS

Gustave Le Bon[3], ideólogo prematuro del nazismo y el imperialismo, propuso un modelo en el que los seres humanos desarrollan en masa un comportamiento que nunca desarrollarían individualmente. Destacaba en sus planteamientos que **los grupos tienen una influencia determinante sobre los individuos,** donde el *yo* se pierde en el *nosotros*, debido a una serie de causas:

- El ser humano percibe a la masa como un poder invencible, lo que se traduce en la irresponsabilidad del anonimato.
- Las masas contagian su manera de sentir y actuar a sus integrantes, lo que permite que la masa sea manipulada por un líder o que la propia masa acabe con él.
- En la masa lo irreal predomina sobre lo real, creando un universo cerrado y paralelo.
- La masa se percibe como un mecanismo de supervivencia, y no pertenecer a la masa es visto como un grave peligro.

A partir de esta teoría el carácter del líder depende de la armonía de los integrantes del grupo al seguirlo y de su propia capacidad para mantenerlo compacto.

Como habéis percibido estos son los principios fundamentales de la dictadura y el abuso de poder, el culto al líder… y también de la manipulación de las personas y los grupos.

---

3   Gustave Le Bon, médico francés que desarrolló una influyente teoría sobre la psicología de las masas (1841-1931).

EL PELIGROSO ATRACTIVO DE ALGUNOS LÍDERES

Profundizando en estos principios, y partiendo de los postulados del propio Le Bon, el psicólogo alemán Sigmund Freud[4] consideraba el grupo como un conjunto de individuos que se relacionan de forma desigual. Sus estudios sobre **el subconsciente y las relaciones sociales** le llevaron a advertir el peligroso atractivo de los líderes que son incapaces de aportar soluciones para mejorar la vida de las personas.

Freud concluyó que el líder debe controlar las relaciones desde un punto de vista personal y algo egoísta, pero plantea el problema del abuso de poder al afirmar que las personas están tentadas, de forma instintiva y malévola, a explotar la capacidad de trabajo de otras personas sin ofrecer una mínima compensación a cambio.

El influyente psicólogo sostenía la necesidad de la motivación del líder hacia su gente para mantener al grupo cohesionado; si no se mantiene este equilibrio, el grupo entra en crisis y termina desintegrándose.

Para Freud sin líder no hay grupo, y marca la diferencia entre este y los subordinados por la influencia del narcisismo que nace de sus propios seguidores hacia su figura, lo que termina degenerando en sumisión.

Profundizó sobre la interacción entre las personas de un grupo distinguiendo dos tipos de líder: el inmaduro y el maduro, según la necesidad de dependencia del grupo. En el **líder maduro** predomina la colaboración y se centra en la cohesión grupal y la comunicación, mientras que el **líder inmaduro** es narcisista, autosuficiente y distante, que busca la satisfacción de las propias necesidades.

En conclusión, estas cuatro teorías o visiones sobre la relación del líder y las masas nos dan los principios esenciales para analizar los patrones de pensamiento de un liderazgo basado en el poder y de su visión de los subordinados como incapaces de actuar sin un líder que se eleve por encima de ellas y se atribuya la máxima autoridad ética y normativa.

Y apuesto a que, casi sin empezar, ya has percibido comportamientos en tu entorno similares a los descritos. No es más que el principio.

---

4   *Psicología de las masas y análisis del yo*, Sigmund Freud (1921).

Autoridad, poder e influencia

EL PRIVILEGIO DE LA AUTORIDAD

La autoridad es la potestad de mandar y ser obedecido. Puede ser delegada por un grupo en una o varias personas a quienes considera capacitadas para interpretar y realizar lo que conviene para el bien común. Esto significa que la autoridad es un privilegio pero también una necesidad, una responsabilidad y un compromiso social.

En las sociedades y en algunas organizaciones la aceptación de la autoridad se produce de abajo hacia arriba, pero en las empresas no es así. Es cierto que existe un estilo de liderazgo democrático que cede parte de las decisiones, que no de la autoridad, al grupo. Pero no es la democracia algo que vayamos a encontrar de forma natural en la estructura jerárquica de las empresas, aunque sí en otro tipo de organizaciones como algunas entidades deportivas, asociaciones o partidos políticos.

En la empresa la autoridad tiene un sentido diferente y se interpreta como la facultad de transmitir órdenes y la obligación de que sean cumplidas por los demás, a través de sus cuatro componentes principales: la posición jerárquica, el conocimiento, la experiencia y la personalidad.

Así que la autoridad se manifiesta en la aplicación de unas normas y la exigencia en su cumplimiento. Pero ¿quién decide estas normas? El jefe ostenta el poder y por lo tanto dispone de vía libre para el ejercicio de la autoridad. Y quien prueba el poder nunca renuncia a él.

El jefe ostenta el poder y por lo tanto dispone de vía libre para el ejercicio de la autoridad. Y quien prueba el poder nunca renuncia a él.

EL PODER Y LA INFLUENCIA

El **poder** es el ejercicio de la autoridad, y lo definimos como la capacidad, la facultad o habilidad para llevar a cabo determinada acción. El poder es la voluntad de un acto dominativo que, al margen de los intereses y el querer de la sociedad o el colectivo, se impone por la fuerza de quien decide actuar y dominar, pero también tiene un componente ético, ya que debe ser utilizado para el bien común por encima de los intereses personales.

Eric Wolf[5] ,antropólogo estudioso de las relaciones con el poder, propone cuatro dimensiones del poder.

1. La personal, centrada en su capacidad.
2. La relacional, en la imposición de la autoridad.
3. La organizativa, a través del control.
4. La estructural, que abarca la dirección.

Así que unos buscan el poder para ejecutar un plan y otros para ejercer el dominio, pero el poder es uno de los grandes atractivos del ser humano. Coordinar voluntades, tomar decisiones, ser inmune a críticas… el poder es una aspiración, un anhelo. Quien lo posee es envidiado y admirado, y seduce solo por el hecho de poseerlo. El poder es ante todo la capacidad de influencia sobre los demás.

Coordinar voluntades, tomar decisiones, ser inmune a críticas... el poder es un anhelo. Es envidiado y admirado, y el que lo ostenta seduce solo por el hecho de poseerlo.

Por lo tanto, la **influencia social** se estructura en base a la disposición del poder, el ejercicio de la autoridad, la aceptación social y la obediencia, y esta se produce a través de tres procesos: la **sumisión**, que acepta la influencia pero no genera un cambio de opinión, la **identificación**, por admiración, carisma o méritos, y la **interiorización** a través de una afinidad de valores.

---

5   Eric Wolf, antropólogo estadounidense (1923-1999), autor entre otros del libro *Ideologías de la dominación y la crisis*. (Ed. La Casa Chata, 1999).

Profundizando en esta línea los psicólogos sociales French y Raven[6], definieron la influencia social *como un cambio en las creencias y actitudes de unas personas sobre otras,* y a partir de ella definen varios tipos de poder:

- **Legítimo,** por su responsabilidad y respaldado por normas sociales.
- **De recompensa,** porque tiene la capacidad de premiar.
- **De coerción,** por la amenaza y la fuerza del castigo.
- **Carismático,** por su magnetismo y reputación, que genera sentimiento de comunidad.
- **Experto,** por su conocimiento y experiencia.
- **Informativo,** a través de la propiedad y el uso de la información y del poder de ocultarla, dosificarla o manipularla.

PERSUASIVO Y CONTAGIOSO

Persuadir es gestionar la capacidad de influencia y aprovechar los recursos de la comunicación para el ejercicio del poder; un mensaje adecuado, una meta que alcanzar y un deseo. Roberto Cialdini[7], uno de los más influyentes maestros de la persuasión, nos define con maestría las claves:

- **La reciprocidad,** porque las personas tienden a devolver un favor o algo recibido.
- **El compromiso y la consistencia,** que deben ser precedidos de una acción inicial de respuesta o promesa. Demostrar que hemos cumplido certificará la confianza en nosotros, ante lo que denomina **la prueba social.** Las personas harán aquellas cosas que vean que otra gente hace. Un líder puede influir mediante el ejemplo, creando cambios de actitud.
- Las personas tenderán a obedecer a figuras que disponen de **autoridad** y la ejercen. Esta demostración se interpreta como un ejercicio necesario de las funciones de un líder.
- Las personas son convencidas fácilmente por otra gente con quien se sienten a gusto. El **atractivo,** entendido como aspectos visuales y emocionales, genera respeto, escucha y adhesión.

---

6   John French y Bertram Raven, *Formas de Poder* (1959).

7   Robert B. Cialdini: psicólogo y escritor estadounidense, profesor de psicología en la Universidad Estatal de Arizona (USA), autor del libro *Influencia, la psicología de la persuasión* (Editorial Harper Collins, 2006).

- **Recurrir a la escasez**, aquello que no tenemos y que necesitamos o deseamos, tanto como personas como colectivo, es una evidente demostración de capacidad y de poder que provoca adhesión y genera agradecimiento.

Si analizamos el uso que hace un líder negativo de estas claves de la persuasión veremos que es capaz de llevarla a su terreno, resaltando aquellas actitudes y hechos que sí hace, convenciéndonos de que hace lo que no hace y culpabilizando a las demás de las que no lleva a cabo. Resulta sencillo y a veces efectivo.

Respecto a la **reciprocidad** te hará sentirte en deuda permanente con él; mantener tu puesto de trabajo, un salario que no mereces, un favor que te hizo... Su **compromiso** es evidente y palpable, pues vivirá su trabajo con alto sentido de la responsabilidad, y su ejercicio de la **autoridad** es innegable.

En cuanto a la **escasez** sabrá trabajar tus necesidades con promesas que nunca cumplirá, la **prueba social** o la ejemplaridad en pequeños momentos será suficiente, y el **atractivo**... eso ya es algo personal.

Muchos estudios de comunicación social, influencia y persuasión relacionan liderazgo y abuso del poder a través de una serie de características:

Comentando este punto con Ximo Salas[8], este me apuntó una frase interesante *"El líder se convierte en referente si enseña sus artes, en dictador si esconde sus leyes porque los conceptos de poder y autoridad no son negativos en sí mismos. Solo se transforman como tales cuando se hace un uso abusivo de ellos y para fines distintos para los que fueron conferidos".*

MEJOR SER TEMIDO QUE AMADO

Todo este camino conceptual nos lleva hasta la puerta del miedo. El **miedo** *es un estado emocional que paraliza nuestras acciones o nos lleva a realizarlas con mayor prudencia.* La utilización del miedo en las organizaciones, más frecuente de lo que parece a pesar de lo poco que aflora, se traduce en el abuso de poder por la autoridad adquirida o conferida a una persona para unos fines determinados. Y el líder negativo tiene muy claros sus fines.

Hace ya más de 500 años que Maquiavelo[9] enseñó al príncipe a utilizar el temor para gobernar: *"Mejor ser temido que amado, porque el amor y la clemencia te hacen débil"*, y por lo tanto dificultaría la capacidad de mantener el poder en situación inestable. También le recomendaba que sus acciones y decisiones no tengan por qué justificarse bajo los principios de la moral, sino bajo las leyes que rigen el poder. De nuevo por encima del bien y del mal, con sus propias normas.

Parece que poco hemos cambiado, porque lo cierto es que el miedo siempre ha formado parte de nuestra cultura, sigue siendo algo cotidiano y en muchas ocasiones es útil y efectivo para determinados fines. Pero también lo es que su análisis y sus efectos nos llevan a confirmar que su empleo como recurso en la gestión de las organizaciones es insostenible en el tiempo.

En determinadas circunstancias el miedo se utiliza como una forma de motivación para promover acciones, pero su gestión precisa de amenazas y por lo tanto de sanciones a su incumplimiento, lo que complica por un lado su gestión y por otro la garantía de sus resultados.

Una persona atemorizada hará todo lo posible para evitar el castigo mediante el cumplimiento de reglas y normas, pero le resultará complicado mantener este nivel de actividad durante mucho tiempo; la tensión, el

---

8   Ximo Salas, consultor en gestión de personas, formador y conferenciante. Autor del libro *Dulce Crisis*.
9   Nicolás Maquiavelo, diplomático, funcionario, filósofo político y escritor italiano, Autor de *El Príncipe* (1531).

estrés y el temor le irán pasando factura. Lo relata Pilar Jericó en su libro *No Miedo*[10], donde define cinco tipos de este en la organización:

1. A la no supervivencia, a perder el empleo.
2. El rechazo de los demás.
3. Fracasar en el desempeño y el cumplimiento de los objetivos.
4. La pérdida de poder.
5. La incertidumbre ante el cambio.

Una persona atemorizada hará todo lo posible para evitar el castigo mediante el cumplimiento de reglas y normas, pero le resultará complicado mantener este nivel de actividad durante mucho tiempo.

Entre las muchas consecuencias del empleo del miedo se encuentran que favorece el sometimiento, la intriga y el enfrentamiento interno como estrategia de supervivencia, por lo que impide la lealtad al líder y daña la solidaridad y las relaciones entre las personas, creando un entorno de alta presión que termina estallando tarde o temprano, asunto que dejo aparcado hasta los últimos capítulos.

Jorge me envió casi al cierre de este libro un extenso relato de su reciente situación que resumo a continuación: *«Hace unos años formé parte del equipo de RRHH de una multinacional. Ahí pude conocer muchos tipos de jefes. Mi responsable directo era una persona que cuando las cosas iban bien estaba a tu lado, te daba confianza... Pero cuando las cosas iban mal o había que ponerse el mono de trabajo.... en fin...*

Todo lo que escuchaba de él cuando me daba confianza y cercanía lo usaba después para presionar, para hacerme sentir mal, para que, cuando necesitabas a ese líder y su empuje, lo que sintieses fuese soledad y más presión.

Recuerdo cuando por un dolor de cabeza se iba al servicio médico a por una aspirina con su correspondiente café, pero que yo, con infección de muela y fiebre, tuviese que ir a por un antibiótico al servicio médico y volver a mi puesto con la frase de "tómate lo que sea y vuelves, tú no te mueves del ordenador hasta que te mueras". Maravillosa frase de manual para un responsable de RRHH, ¿verdad?

---

10 Pilar Jericó, empresaria, conferenciante, consultora y profesora de escuelas de negocio. Autora del libro *No Miedo* (Ed. Alienta, 2007).

No te digo más que el día que se me pase el temor a sus amenazas escribiré un libro. Porque claro, ¿qué líder tóxico que se precie no se apoya en las amenazas?

Por suerte o por desgracia, a veces necesitamos toparnos con personas así en nuestras vidas para aprender grandes lecciones. La mía fue que no merece la pena un sueldo digno y un puesto estable si no lo acompaña un ambiente de trabajo sano, nos quita la vida cuando creemos que nos la está solucionando».

Y así, literalmente, lo comparto porque así lo quiere él.

LA HERMANDAD

No soy el único convencido de que los grandes jefes se conocen entre ellos, se refuerzan, comparten experiencias y se recomiendan acciones. Están unidos, se protegen, son un colectivo.

Están regidos bajo un patrón similar, es una realidad que sale cada mañana hacia sus puestos de poder. Muchos sospechan que tienen sus propios códigos de conducta y se premian los méritos entre ellos. Se rigen por una escuela oculta y si se divulgaran los códigos éticos que manejan en sus modelos de gestión, y fueran extrapolados, el sistema entero podría entrar en el caos.

Se consideran adoradores de Nietzsche y renegadores de Covey. Amantes platónicos de los libros de la ética empresarial por las noches, pero imaginantes retorcidos de sus próximas acciones en cada amanecer. Objetivo: presionar sin parar.

Se rigen bajo la profecía del *Superhombre, la moral de los amos* (orgullo, fortaleza y nobleza) frente a la *moral del esclavo* (amable, humilde y compasivo). Porque sus empleados son unos resentidos, incapaces de moverse por propia voluntad si no es a través de la autoridad y el castigo.

Celia estuvo junto a su jefe en un evento de su sector y quedó desconcertada por una conversación que escuchó en un grupo de directivos.

– *"La gente no me sigue, no me vale. Estoy muy decepcionado y voy a hacer cambios".*

– *"Tranquilo, al fin y al cabo eres el que pone la pasta y el que manda, deberían estar agradecidos. Son unos ingratos".*

– *"A mí también me tienen harto. No se dan cuenta de lo que tienen hasta que lo pierdan".*

– *"Yo este año voy a cortar muchos privilegios. O dejamos claro quién manda y cómo hay que hacer las cosas o no quedará ni uno de nosotros".*

En esta hermandad son pura autoayuda entre la que crean una retroalimentación que da paz a su mente, un bucle de *"soy así porque no me dan otra opción".*

MIEDO Y VIOLENCIA

La violencia en la empresa no es un concepto nuevo pero sigue siendo un tema tabú. No se trata necesariamente de la agresión directa o física, ya que estaríamos hablando de algo mucho más grave y delictivo, sino la presión psicológica por la creación de un ambiente de miedo con reacciones incontroladas y arrebatos imprevistos.

El miedo es, y siempre ha sido, una herramienta de control, de dominio, de muestra de poder, de ataque y defensa, casi siempre utilizada por los acomplejados e inseguros como palanca de afirmación.

El miedo es una herramienta de control, de dominio, de muestra de poder, de ataque y defensa, casi siempre utilizada por los acomplejados e inseguros como palanca de afirmación.

El primatólogo británico Richard Wrangham[11], a partir de sus estudios sobre chimpancés y bonobos, nuestros antepasados más cercanos, publicó recientemente un artículo en el que afirma que *"el desarrollo del lenguaje favoreció que individuos que se encontraban bajo la subordinación de un déspota pudieran fraguar planes de forma segura para protegerse del acosador, que a menudo era físicamente poderoso y podría haber vencido a cualquier miembro del clan en un enfrentamiento directo".*

Porque el miedo generado por la autoridad puede crear efectos contrarios en las personas: pueden agruparse para defenderse o pueden individualizarse para evitar ser víctimas como estrategia de supervivencia. Pero cuando un ambiente violento se instala en un entorno laboral también genera dos reacciones secuenciales y enfrentadas:

- Una primera de **rechazo**. Las personas normales, tranquilas y poco acostumbradas a este tipo de situaciones se sienten incómodas, se alejan cada vez más del respeto al jefe. Pero también se construyen una capa protectora, un sistema de autodefensa mental, para asimilar la situación y evitar que le afecte emocionalmente mientras no tenga la posibilidad de huir de ella.

---

11   R. Wrangham, profesor de Antropología Biológica en la Universidad de Harvard, investigador del Departamento de Biología Evolutiva Humana. *El País*, 4 de febrero de 2019.

- La segunda reacción es opuesta, y se trata de una **adhesión** por parte de otras personas, que aprecian en estas actitudes una afirmación de autoridad y fortaleza y ve al resto de las personas como débiles e incapaces de trabajar bajo tensión.

Estas personas que justifican o asumen los episodios de violencia se crean también una autojustificación de la misma para evitar sentirse afectados. Reaccionan a modo *Síndrome de Estocolmo[12]*: *"Es el dueño, es quien paga, tendrá alguna razón, hay que comprenderle, debo proteger mi puesto de trabajo"*.

Este síndrome acerca a algunas personas, aún más al jefe, quien ve en ellos a personas fuertes y por lo tanto menos afectos a su ira. Y entonces en algunos cunde el ejemplo, se instala un clima asfixiante y el equipo queda dividido.

El jefe los respetará y evitará enfrentarse a ellos. Ya tiene sus defensores y sus justificadores, o eso cree. Pero con toda seguridad esta guardia no será fiel por demasiado tiempo. Y a esa guardia le vamos a dedicar un capítulo más adelante.

EL PADRINO

Este apartado puede resultar a la vez llamativo y arriesgado, lo sé. Pero el abuso de poder termina recurriendo en ocasiones a prácticas mafiosas. Una de las máximas referencias en el estudio del liderazgo negativo, Francesco Alberoni[13], lo menciona literalmente y yo lo suscribo. Me explico.

Este jefe no pertenece necesariamente a la delincuencia organizada, no se trata de eso. Pero si analizamos los comportamientos de un líder tóxico nos recordarán a *El Padrino[14]*, adaptación cinematográfica sobre la familia *Corleone*.

El Padrino es un hombre que pone el honor a la máxima altura, su propia visión del honor. Establece sus propios códigos éticos, ajenos a las normas tradicionales y al buen gobierno, como el *Superhombre*.

---

12   *Síndrome de Estocolmo:* Trastorno psicológico temporal que aparece en la persona que ha sido secuestrada que le lleva a mostrarse comprensivo y benevolente con la conducta de los secuestradores e identificarse progresivamente con sus ideas, ya sea durante el secuestro o tras su liberación.

13   Franceso Alberoni, sociólogo italiano autor, entre otros, del libro *El arte de liderar* (Ed. Gedisa, 2003).

14   *El Padrino*, película de Francis Ford Coppola. Adaptación cinematográfica de la novela de Mario Puzo, escrita en 1972.

Es persuasivo y seductor, por lo que gana en las distancias cortas y recurre al paternalismo como forma de protección y de gestión del poder.

Es persuasivo y seductor, por lo que gana en las distancias cortas y recurre al paternalismo como forma de protección y de gestión del poder, como **El Padrino.**

Se comporta de forma generosa, cálida y afectuosa. Quiere parecer tu amigo y protector y hará lo posible para que confíes en él. Crea un sentimiento de gratitud, te hace favores y por lo tanto te mantiene en deuda con él. Es familiar, su *familia* es lo primero y se defiende a toda costa.

Muchas de las personas entrevistadas para este libro coinciden en este aspecto: los sentimientos son para él una herramienta de manipulación y esa deuda la utilizará para mantener con los demás un hilo de dependencia física, económica y emocional.

Pero el mafioso es por dentro vengativo y dominador y recurrirá sin piedad a la fuerza y los recursos del poder para mantener sus privilegios. Y tanto la venganza como el odio forman parte de su instinto; con él puedes pasar en pocos minutos de amigo a enemigo. Y los enemigos son traidores, y los traidores merecen venganza y la aplicación implacable de su justicia particular. Con él o contra él, no hay término medio, un traidor vivo es una amenaza permanente seas o no de su misma familia.

Porque el jefe tóxico, al igual que *El Padrino*, tiene una infinita capacidad de mentir, manipular, intrigar y eliminar discretamente a sus adversarios y los disidentes. Y disfruta con todo ello enormemente. Y sabes que estas historias nunca acaban bien.

El jefe tóxico, al igual que **El Padrino,** *tiene una infinita capacidad de mentir, manipular, intrigar y eliminar discretamente a sus adversarios y los disidentes.*

Entonces, si tu jefe se parece en algo a esta descripción ¿es un psicópata? La psicopatía es una alteración de la personalidad que aniquila la empatía o frustra su aparición. No nos alarmemos pero el libro *El jefe psicópata, radiografía de un depredador*[15] lo menciona y analiza, y describe a un líder para el que el grupo no responde a sus expectativas, lo que le lleva, entre otras cosas, a sentirse un incomprendido.

Sobre este mismo concepto profundiza el artículo "¿Es su jefe un psicópata?"[16], que define al jefe psicópata como una persona exitosa y encantadora pero con falta de empatía y un gran remordimiento. Estas características le llevan a distorsionar los hechos y a sentirse rodeado de ventajistas e incompetentes. Sin palabras.

¿Quién puede comprender así a un jefe? ¿Por qué no trabaja su salud mental?

QUÉ HACER

Ante los episodios de violencia y miedo no debemos quedar impasibles. Es más recomendable, como hemos visto en párrafos anteriores, actuar como defensa colectiva, porque en lo individual tendremos muy pocas posibilidades de salir airosos.

El grupo debe frenar estas situaciones y plantear límites al jefe en el abuso de su autoridad como única estrategia de defensa.

No es fácil, pero si no actuamos y permitimos que vaya ocurriendo sin respuesta, será demasiado tarde para poner límites cuando ya hayan sido todos traspasados.

Siempre queda en última instancia, y en casos de gravedad contrastada, la denuncia, para la que deberás disponer de pruebas, mejor escritas, testigos, que no será fácil, y un informe de un especialista, normalmente un psicólogo, que evalúe el efecto del acoso y elabore un dictamen. Después, un buen abogado, mucha paciencia y por supuesto una gran dosis de valentía.

Pero antes de llegar hasta aquí vamos a intentar analizar las situaciones, intentar comprenderlas y adoptar una estrategia de supervivencia.

---

15   *El jefe psicópata, radiografía de un depredador*, Hugo Marietan (Libros del Zorzal, 2010).
16   Mamfred FR Kets de Vries. Académico y psicoanalista holandés, profesor de desarrollo de liderazgo en INSEAD. Revista *Dirige Hoy* 2017.

Liderazgo positivo vs. liderazgo negativo

Tras el análisis sobre la relación entre líderes y subordinados y la gestión del poder de los dos capítulos anteriores, vamos a enfrentar ahora los estilos de *liderazgo positivo* frente a los de *liderazgo negativo*. Son los polos opuestos del liderazgo.

En el reciente sondeo llevado a cabo en redes sociales[17], como una de las diversas fuentes de información para este libro, los resultados indican que casi la mitad de los encuestados reconocían a su jefe como un mal líder, pero gran parte de ellos de ellos le atribuían además buenas cualidades de gestión.

En conclusión sobre los datos obtenidos en este estudio, y como radiografía del liderazgo real, quedaba configurado su perfil en base a estas cualidades:

- Positivas: Innovador y creativo, buen comunicador y con alto nivel de conocimiento.
- Negativas: Falta de equilibrio en su actitud, bajo nivel de motivación a los demás, poca claridad en el plan y generador de malas relaciones personales en el equipo.

Estos resultados confirmaron el planteamiento base de este libro: nos encontramos frente a un perfil con un claro desequilibrio de cualidades, pero al fin y al cabo con dotes de liderazgo. Lo negativo frente a lo positivo.

---

17   Encuesta sobre Liderazgo https://padan.survey.fm/encuesta-sobre-liderazgo. Enero a mayo de 2019.

LIDERAZGO NEGATIVO. YO, MIS NORMAS

Hay dos estilos de liderazgo que podemos considerar al límite del liderazgo negativo: el burocrático y el autocrático.

El **liderazgo burocrático** es rígido y formal, y se sustenta sobre la firmeza normativa como modelo de gestión. El ambiente de trabajo es inflexible, con las relaciones personales prácticamente inexistentes y con un control que tiende a la exageración. Pero igualmente puede ser un estilo adecuado, en su versión moderada, en determinadas situaciones, siendo relativamente inevitable en empresas con estas características:

- Alto nivel de seguridad: centrales eléctricas, nucleares, fuerzas y cuerpos de seguridad del Estado, etc.
- Finanzas: compañías inversoras, bancos, etc.
- Empresas con orientación a la calidad, con normas ISO, ORAM, UNE, etc.
- Empresas con orientación explícita a resultados.
- Instituciones públicas.

Este estilo se centra en un modelo normativo donde jefe y subordinados se adaptan a los mismos protocolos de actuación. Es precisamente su propio concepto de rigidez el que puede derivar en un reglamento sancionador excesivo y por lo tanto degenerar hacia un liderazgo tóxico.

Sus líderes deben acostumbrarse a gestionar a las personas en el límite entre lo humano y lo normativo, lo que le sitúa sobre una delgada línea roja, en la misma frontera.

Por su parte la autocracia en la gestión de personas es un principio, una forma de ser y de actuar. El **liderazgo autocrático** se considera un riesgo, el límite en el cual un líder bordea el comportamiento tóxico.

Este liderazgo es centralista y bajo él la vida de la organización gira en torno a la figura del líder como ser supremo, ya que:

- Se considera la única autoridad competente.
- Percibe a los subordinados como incapaces de gestionar el trabajo y las relaciones en la organización.
- La comunicación es unidireccional, vertical descendente, en forma de órdenes e instrucciones.

En ocasiones este estilo puede ser una forma de gestión necesaria, incluso recomendable. Como veremos en el liderazgo situacional, el líder y la propia organización crean un estilo de gestión según la madurez de los subordinados o el tipo de organización.

Si los empleados son inexpertos, son equipos de alta rotación, como la venta a puerta fría o la venta telefónica, o realizan funciones que no requieran una alta cualificación, normalmente con remuneraciones muy bajas, puede ser un liderazgo admisible. Pero si se mantiene en el tiempo tenderá a crear un ambiente tóxico.

LIDERAZGO POSITIVO. SITUACIÓN Y EFECTIVIDAD

Todos los líderes parecen querer asemejarse al líder positivo, y todos los empleados querrían tener uno a quien admirar y de quien aprender. Pero lamentablemente esta aspiración está muy lejos de la realidad.

Hay muchos estilos de **liderazgo positivo** (natural, carismático, transformacional, consultivo, democrático, paternalista, orientado al equipo, orientado a la tarea, lateral, *laisez faire*, etc.). No vamos a centrarnos en todos ellos pues no es este un libro sobre el liderazgo positivo, pero sí lo haremos sobre base sólida del liderazgo más pragmático: el *liderazgo situacional* y el *liderazgo efectivo*.

Pero cada organización es un mundo y cada equipo dentro de ella responde a unos patrones de comportamiento diferentes.

La teoría del **liderazgo situacional**, publicada por Hersey y Blanchard[18], propone una estrategia de gestión flexible y adaptable que no responde a un modelo único. Plantea, a partir de la base filosófica de la piscología de masas, adecuar un estilo para diferentes niveles de madurez de los empleados, lo que da lugar a cuatro niveles de comportamiento:

1. **Ordenar,** que genera un poder coercitivo y con supervisión continua cuando los empleados son inexperimentados.
2. **Persuadir,** cuando actúa explicando, aportando información y convenciendo para que acepten sus decisiones, a través de estímulos y recompensas en situaciones donde el nivel de madurez va creciendo y se fortalecen la cualificación y las relaciones personales.
3. **Participar,** a través de un estilo democrático y participativo en el que se comparten ideas para facilitar la toma de decisiones, siempre que la madurez del equipo se encuentre en un nivel más alto.
4. **Delegar,** lo que implica empoderar a los empleados cediéndoles parcelas libres de opinión, responsabilidad y acción. Se da en

---

18   Paul Hersey y Ken Blanchard, expertos en comportamiento y management. Autores de la *Teoría del Ciclo del Liderazgo*, posteriormente llamada *Teoría del Liderazgo Situacional*, publicada en 1970.

equipos muy experimentados y compactos, como en los llamados *EARs* o equipos de alto rendimiento.

Frente a este planteamiento, otros estilos de liderazgo positivo se basan en las cualidades del líder o en un modelo propio diseñado por la organización a su medida, pero la definición de estas áreas de comportamiento no es la misma en una mente abierta y positiva que bajo un prisma sesgado por su propia interpretación de la gestión de la autoridad y el poder.

Ante la propuesta del liderazgo situacional se encuentra la del **liderazgo efectivo**. Ser efectivo es conseguir resultados y priorizar esta meta frente a cualquier otra estrategia de gestión de personas, y se define a través de una serie de características:

- Predisposición a la tarea y los resultados, tanto en la estrategia como en la operativa.
- Orientación hacia la mejora continua y el aprendizaje permanente de las personas de su equipo.
- Predominio de la empatía y las buenas relaciones con las personas.

Un líder efectivo se orienta más hacia la tarea y menos al carisma o la autoridad, aunque sin renunciar a ellas. Es íntegro y comprometido, y se preocupa más por el éxito de su equipo que por el suyo personal.

¿Y PARA QUÉ SER ALTAMENTE EFECTIVO?

Ya sabemos que, a su manera, el líder negativo no es un jefe cualquiera; tiene una formación cualificada, domina habilidades personales y sociales, y practica con cierto éxito los recursos de la persuasión y de la gestión del poder. Aun así, en mi opinión, comete graves errores sobre su capacidad porque al realizar una mala interpretación de algunas de ellas. Porque hay una mente retorcida e infantil detrás de él que confunde conceptos, no comprende su aplicación y los filtra a través de un egocentrismo radical.

Existe también una falta de equilibrio entre sus habilidades positivas y sus debilidades, mantiene un alto nivel en algunas competencias directivas como *dirigir, organizar, planificar y controlar* frente a un mínimo en aquellas más centradas en la gestión de personas entre las que se encuentran *comunicar, motivar, gestionar equipos o implicar*. Esta descompensación provoca que las habilidades negativas terminen neutralizando a las positivas e imponiéndose a ellas.

El ya mencionado Covey nos detalla en su *best seller Los 7 hábitos de la gente altamente efectiva* las actitudes que debe desarrollar el líder que camina hacia la excelencia. El líder negativo las interioriza según sus propios principios, más o menos como sigue:

1. **La proactividad nos hace humanos,** pero la productividad llevada a su extremo consigue todo lo contrario. La presión se centra en la productividad olvidando otros ámbitos de la gestión como las personas, sus necesidades, motivaciones y expectativas, provocando el efecto contrario al deshumanizar las relaciones laborales. La productividad se convierte así en una fuente de tensión permanente donde predomina la rentabilidad sobre la humanidad.

2. **Tener un fin en la mente,** mantener una visión, el sentido de nuestra vida y de lo que hacemos, pero si ese fin se convierte en obsesivo termina transformando la existencia de los que le rodean en una esclavitud. Lo obsesivo es irracional por definición, convirtiendo a las personas en elementos serviles y en piezas para mantener la maquinaria empresarial funcionando sin sentido ni rumbo fijo.

3. **Priorizar, planificar,** dedicar tiempo a las actividades importantes y que dan sentido a la visión. Pero que sea de forma colectiva, porque los demás no pueden estar sometidos en su carrera hacia *nunca jamás.* Cuando la planificación es cambiante y cortoplacista se produce una pérdida de sentido del trabajo desarrollado y de la capacidad de valorar si el rendimiento es o no el adecuado según los objetivos y los resultados obtenidos.

4. **Pensar en ganar-ganar,** y eso hace referencia no solamente al cliente o al proveedor, sino a su gente, con la que comparte o debería compartir recursos, acciones, objetivos y beneficios. La integridad, la madurez y el *win-win* son tres ingredientes que brillan por su ausencia bajo un liderazgo negativo.

5. **Entender primero y ser entendido después,** que coincide con uno de los mayores déficits del líder que no entiende a Covey y que en general tampoco entiende el sentido del liderazgo. La mentalidad infantil de su sentimiento de incomprensión provoca una pérdida de empatía y deriva en la incomunicación y el recelo. Si entiende escuchar a la gente como una pérdida de tiempo no quedará tampoco nadie que le hable. Para él, un problema menos.

6. **Sinergizar,** generar valor con el trabajo en equipo y multiplicar el valor individual, pero supone demasiado esfuerzo físico y mental si piensa que su gente no sirve, no es válida o no le merece, y así no podrá obtener nada bueno de ellos. Comprender la organización y los equipos bajo la idea de la eficiencia a través de la sinergia permanente no es tampoco una cualidad del líder negativo.

7. **Afilar la sierra,** parar y pensar. Es algo necesario para mantener paz física y mental, pero nunca lo hará un jefe como el que estamos analizando. Si no medita escucha y analiza, no es consciente de lo que ocurre a su alrededor y de la necesidad de construir un equipo comprometido en un ambiente alejado de lo tóxico. Si no se rearma para encontrar el rumbo adecuado y estable, el equipo seguirá navegando hacia la incertidumbre.

No ha entendido el sentido figurado de afilar la sierra; no se trata de cortar lazos, relaciones y expectativas. No es eso.

Del octavo hábito, el desafío principal para Covey, que trata de *inspirar a los demás para hallar el camino a la grandeza,* mejor ni hablamos.

¿Es consciente el líder negativo de que es lo más alejado a la productividad y los estándares de eficacia personal y colectiva en cualquier organización?

BIENVENIDO A LA JUNGLA. LA CRUDA REALIDAD

Esos cientos de botellas recibidas con SOS tienen un claro mensaje: el liderazgo negativo es una realidad, está presente en las organizaciones y aquellas personas que lo sufren necesitan de ayuda, comprensión y algo de luz para entender y soportar las injusticias y esos episodios de difícil interpretación.

Muchas empresas, pymes y micropymes no pueden soportar las tonterías de la música ambiental, las habitaciones de descanso, los espacios para pensar, las guarderías y las bajas maternales o paternales.

Se mueven al día, al mes. No hay tiempo para descansar, no hay lugares ni momentos para reflexionar. El día a día atraganta la actividad y deja muy poco margen para la alegría. El *multitasking* agota, pero es lo que hay. Bienvenido a la jungla: disponibilidad para todo, saber un poco de todo, ser currante y polivalente, aguantar y agachar la cabeza. Y niégate si puedes.

Bienvenido a la jungla: disponibilidad para todo, saber un poco de todo, ser currante y polivalente, aguantar y agachar la cabeza. Y niégate si puedes.

Porque debido a cualquier circunstancia tú estás allí sola o solo, rodeado de rugidos, donde domina el más fuerte con normas incongruentes, en un ambiente de miedo y sin escapatoria a la vista. Intentando sobrevivir en esta jungla.

EL BUENROLLISMO EN LA GESTIÓN DE PERSONAS

Si algo caracteriza a un ambiente negativo en cualquier tipo de organización, sea cual sea su origen y entorno, es el **egocentrismo** del jefe que le lleva a justificar su actitud y a buscar falsas explicaciones a su estilo de dirección. Leyeron a Covey[19] pero no entendieron nada.

"Las tonterías de Covey, el buenrollismo y eso de colocar a tus empleados en el centro de la empresa es una chorrada que te puede llevar a la ruina". Esta reflexión es habitual entre los jefes tóxicos y es un primer síntoma, aunque no se corresponda con lo que ellos mismos afirman en público y en privado.

La frase la comentó Julia durante las reflexiones sobre liderazgo efectivo durante una sesión formativa. Su jefe, que la había inscrito en el programa de desarrollo de mandos intermedios, la preparaba para ascender a jefa de equipo en un departamento de telemarketing. En una reunión de repaso de objetivos el jefe la dejó caer cuando algunos de los presentes pidieron rebajar la presión. Y con esa respuesta se hizo el silencio.

Algunos jefes mantienen, de cara a la galería, la admiración por las recetas mágicas en la gestión de personas y del propio *yo*, pero los infiernos y las rivalidades en la mente de ese *yo* enturbian su función y su responsabilidad en la organización, lo que hace que esas utopías carezcan de valor ante los demás.

La eterna lucha entre la necesidad y la aspiración, entre lo real y lo ideal, genera un problema de convivencia mental en muchos de nuestros jefes que les provoca cambios de actitud difícilmente comprensibles para las personas que le rodean.

En sus reflexiones internas concluyen que las políticas de recursos humanos no están hechas para su empresa o su equipo. Demasiada presión diaria para perder el tiempo en las tonterías de la gestión del talento y del buen ambiente laboral.

Demasiada presión diaria para perder el tiempo en las tonterías de la gestión del talento y el buen ambiente laboral.

Lo cierto es que a la mayoría de estos jefes les importa muy poco el liderazgo. ¿Por qué? Pues porque supone invertir tiempo, confiar en la

---

19   Stephen Covey: *Los 7 hábitos de la gente altamente efectiva* (Editorial Paidós Ibérica, 1997).

gente, ayudar, tener paciencia, comprender y eso, a priori, no siempre son buenas recomendaciones para conseguir el objetivo de la forma más directa y rápida posible.

"No hay tiempo, el mercado va demasiado rápido. Al fin y al cabo esto no es el colegio; es una empresa, y si alguien no lo entiende que hable con su padre, con su madre o con un psicólogo. Cada uno debe cumplir su cometido, encajar, no generar problemas y ser rentable desde el primer día. Y si no, que pase el siguiente, que hay muchos en la cola". Alberto me citó textualmente esta frase escuchada a su jefe y no era la primea vez que escuchaba algo parecido. Siempre bajo presión.

Muchos de estos jefes vienen de prestigiosas escuelas de negocio, tienen máster y algunos hasta MBA. Saben perfectamente en qué consiste el liderazgo ideal y conocen las mejores técnicas de gestión de recursos y personas. Conocen las diferencias entre jefe y líder, la gestión de equipos, la motivación y todo ese manual que recoge las buenas prácticas, los principios éticos y la productividad. También poseen algunas cualidades positivas y a veces hasta se plantean aplicarlas, pero no han entendido nada.

Conocen perfectamente las diferencias entre jefe y líder, también poseen algunas cualidades positivas y a veces hasta se plantean aplicarlas, pero no han entendido nada.

El *Gran Jefe*, el *antilíder* de una organización, ansía ser más, facturar más, llegar a más clientes importantes, y cuando lo consiga ya se transformará en un líder ideal, carismático, amable y cercano porque entonces podrá dedicar más tiempo a las personas. Es lo que piensa, pero es un círculo cerrado, un autoengaño, al que le da vueltas como un ratón sin poder salir de él.

Lo cierto es que esa organización nunca crece; es una espiral infinita y así es imposible. Y la culpa de la falta de crecimiento siempre es su gente. Hacia ellos dirige su ira y toda la culpabilidad. *"Son incapaces, no están a la altura, no me sirven".*

Estos jefes conocen algunas claves de la motivación, del desarrollo del talento y el *employer branding*. Intentan vender al mercado una marca atractiva para trabajar, porque siempre necesitan de alguien nuevo, y a veces hasta lo consiguen.

Pero el mercado los conoce. Solo algunos despistados se sentirán atraídos por un sitio web fabuloso y un listado de clientes atractivo. El talento, el que de verdad sabe quién es, ya está alertado sobre este *Gran Jefe*, porque nuestro entorno no es tan amplio y todos nos conocemos.

Nuestro jefe gana en las distancias cortas. Aunque negativo no está ahí por casualidad; es seductor y domina los recursos de la persuasión. Sabe encontrarte, te hará una propuesta de ilusión y futuro, creerás que confía en ti, que le puedes aportar valor, que crecerás junto a él y te captará para su causa.

> *Nuestro jefe gana en las distancias cortas. Aunque negativo no está ahí por casualidad; es seductor y domina los recursos de la persuasión y te captará para su causa.*

Carlos me escribió su historia completa que resumo en unas líneas. *"Entré a trabajar en un despacho de abogados a pesar de que muchos de compañeros de profesión me avisaron del carácter autoritario e inestable de mi futuro jefe. Yo estaba seguro de la confianza que había puesto en mí y la importancia de mi papel en el crecimiento del bufete; se había creado entre nosotros una sintonía especial... Cuando observaba la actitud del jefe con mis compañeros me justificaba diciendo que podría ser así con los demás, que algún motivo habría, pero que conmigo sería diferente... Al tercer mes me estaba lamentando de no haber hecho caso a los avisos, al sexto mes ya no me hablaba con mi jefe y antes de un año me marché a casa".*

Porque su causa es personalista y obsesiva. Para él solamente eres una herramienta, una pieza para el engranaje de su maquinaria para mantenerla en marcha aunque no avance, porque eso no siempre es lo más importante. Y cuando no le sirvas, se acabó.

CONCLUYENDO

El liderazgo, con demasiadas definiciones como para poder diferenciarlas, es un estilo de dirección basado en la capacidad (conocimiento y experiencia) y las habilidades (personales, sociales y directivas) para gestionar la autoridad sobre un grupo de personas y conseguir determinados objetivos.

Bajo un liderazgo positivo la gestión de la autoridad se enfoca desde el carisma, la comunicación y la motivación: es el líder reconocido por su gente.

En el otro extremo, bajo un liderazgo negativo predominan el uso del poder, las normas y los resultados por encima de las personas a las que dirige. En este caso el líder es reconocido como tal por la jerarquía de la organización, porque da resultados y cumple objetivos, o por sí mismo, porque es la propiedad. Entonces su gente le reconoce como jefe pero no como líder.

Si abusa del poder e impone la obediencia y el cumplimiento a través de la presión y el miedo, el estilo se transforma en liderazgo tóxico.

El problema real está en la falta de un modelo. Si dejamos que los jefes y responsables de equipo adecuen su estilo de gestión en relación con sus cualidades o con su visión de la realidad, en vez de un modelo de liderazgo corporativo estamos favoreciendo, a falta de referentes, la posibilidad de comportamientos negativos y egoístas.

En resumen, y partiendo tanto de las referencias teóricas iniciales como de las publicaciones más recientes, me atrevo a definir el liderazgo tóxico como: *"un conjunto de actitudes realizadas desde la jerarquía a través de la persuasión y uso del poder, que genera en las personas una pérdida de seguridad y autoestima, en los equipos falta de comunicación y confianza, y en la organización el daño irreparable de la fuga de talento o la aniquilación de este".*

Líder tóxico, no te atribuyas al concepto de líder, por no lo eres. Eres justo lo contrario. Tu responsabilidad no te otorga esa honorífica y venerable palabra.

Pero cómo es el jefe tóxico

En realidad las teorías sobre la psicología de masas que hemos analizado en el primer capítulo dejaban a los subordinados en un lugar muy poco agradable dentro del rol social organizativo, y al líder con un peligroso estatus que necesita defender su posición a toda costa.

El líder tóxico, como hemos detallado en el capítulo anterior, es ante todo una persona con un alto sentido de la responsabilidad y la consecución de resultados, pero este sentido es erróneo, obsesivo y negativo. Y es que llamamos líder a cualquier cosa.

REFERENCIAS

El liderazgo tóxico no es un concepto nuevo aunque sigue envuelto en algunas dudas conceptuales según las fuentes y los autores. Tal y como hemos analizado hasta ahora tiene una base filosófica y sociológica, pero en el ámbito empresarial toma relevancia en los años 90, una época que combina etapas de expansión y crisis, la era post *yuppies* y *JASP (Jóvenes Aunque Sobradamente Preparados)*.

En el año 1992 la psicóloga de empresa Patricia King publicó un magnífico libro, que por cierto fue el que me despertó la temprana curiosidad sobre el liderazgo negativo, titulado *Nunca trabajes para un jefe insoportable*[20]. El libro es toda una guía de situaciones en las que analizaba el efecto aniquilador de estos perfiles de liderazgo sobre las personas, y concluía sin tapujos: *"Huye cuanto antes".* Y fue justo lo que hice al acabar de leerlo, despedirme de la multinacional de publicidad para la que trabajaba. Era

---

20   *Nunca trabajes para un jefe insoportable,* Patricia King (Ed. Paidós, 1992).

muy joven y me tembló el pulso. No tenía nada que perder e iba a salvar mi dignidad. Me sentí muy bien.

Cuatro años más tarde la doctora Marcia Lynn, profesora universitaria experta en liderazgo, publicó el libro *Liderazgo Tóxico, cuando las empresas van mal*[21]. Con este planteamiento iba más allá de los efectos negativos examinando el origen, describiendo a este líder como una persona mal adaptada, descontenta, insatisfecha, malévola, seductora y controladora. Casi nada.

Bárbara Kellerman, profesora e investigadora de management en Harvard University, ya en el año 2004, califica al líder tóxico en su libro *Mal liderazgo; qué es, cómo sucede, por qué es tan importante*[22] como una persona arrogante, autoritaria, rígida, agresiva, irritable y falto de confianza en sí mismo. Para seguir agregando cualidades.

Un año después la doctora Jean Lipman, profesora de la Drucker School of Management de California y experta en comportamiento organizacional, escribió el artículo «Liderazgo tóxico, cuando grandes ilusiones se disfrazan de grandes ilusiones», que dio paso a su libro *El encanto de los líderes tóxicos*[23] donde afirmaba que estos líderes trabajan para sus fines personales a través de comportamientos destructivos.

También analiza el comportamiento servil y de aceptación de algunas personas bajo la necesidad de una figura paternal vinculándola al mito del elegido, presente en muchas sectas como ella misma menciona. El líder tóxico es seductor y manipulador, y utiliza la persuasión para sus propios fines. ¿Os suena?

Continuando con los estudios sobre este perfil de liderazgo negativo, Andrew Schmidt[24], tras una serie de entrevistas a más 6000 empleados, publicó en 2006 un documento denominado "Desarrollo y validación de la escala de liderazgo tóxico", donde explica las cinco dimensiones que a partir de sus investigaciones definen a este perfil de líder:

- **Autoritarismo**, como la versión extrema del liderazgo autocrático.
- **Imprevisibilidad**, por no disponer de un plan claro y mantener una visión confusa e irreal.
- **Narcisismo**, o la excesiva consideración de uno mismo.

---

21   *Toxic Leaders, when organizations go bad.* Marcia Lynn (Ed. Prager, 1996).
22   *Bad Leathership*, Bárbara Kellerman (Harvard Business School Press, 2004).
23   *Toxic Leadership: When Grand Illusions Masquerade as Noble Visions*, Jean Lipman-Blumen (2005).
24   Andrew Schmidt: director de Recursos Humanos de la Society for Human Resources Management en Virginia (USA).

- **Autopromoción,** porque necesita hacer visibles sus méritos, reales o inciertos, de forma recurrente.
- Y **supervisión excesiva,** o lo que es lo mismo, un control obsesivo.

La última de las referencias de interés la encontramos en Liz Ryan[25], colaboradora de la revista *Forbes USA,* quien asemeja el liderazgo tóxico al líder débil y acomplejado, y propone que necesita más ayuda que rechazo.

Porque el líder tóxico, en contraposición a lo que podamos presuponer, es una persona insegura, lo que le lleva a ser extremadamente celosa de su parcela de poder. Tiene temor a que alguien le pueda hacer sombra y esto le lleva a rodearse de una primera línea de gente mediocre como única posibilidad de mantener su estatus. Un empleado aterrorizado nunca tendrá una actitud proactiva ni aportará nuevas ideas.

GESTIONAR SU AUTORIDAD

En casi todos los ambientes hay jefes tóxicos. Nuestro jefe no tiene límites, allí donde haya personas trabajando buscará la forma de trasladar su toxicidad, porque su *adn* está disperso en el panorama organización; en empresas grandes y pequeñas, entidades deportivas, asociaciones y colectivos, partidos políticos o sindicatos.

El jefe tóxico puede ser o haber sido un líder, porque como seguiremos analizando tiene cualidades para el liderazgo, pero las utiliza de forma malévola y retorcida. Ostenta el poder por diversas razones:

1. La **propiedad;** porque es su empresa.
2. La **delegación total** de poder desde la dirección; en delegaciones, áreas o departamentos conflictivos o entidades deportivas, entre otras.
3. La **inmunidad** o intranscendencia ante los resultados; como empresas públicas, entidades sin ánimo de lucro y similares.
4. Por **elección democrática;** en algunas asociaciones, colectivos o partidos políticos.

Estos son sus entornos ideales, donde someterá a las personas a su personalismo y la máxima expresión del ejercicio del poder, en cualquiera de ellos el jefe se sentirá cómodo. Pero ¿cómo podemos actuar en cada caso?

---

25   Liz Ryan: CEO de Human Workplace. Boulder, Colorado (USA).

En el primero de los casos su ejercicio no tiene límites. Es **su empresa**, tiene el mando absoluto, sin él no existiría. Si te encuentras en esta situación tus posibilidades como subordinado son escasas; nadie a quien rendir cuentas por encima de él le deja un amplio campo de acción y no hay nadie a quien puedas denunciar. No habrá pues jueces ni testigos y dificultará hasta tu rendición las escasas posibilidades de que el sufrimiento tenga un fin. Céntrate en cumplir con tu trabajo y no te enfrentes a él.

En el caso de que **los resultados no sean lo importante**, tus posibilidades de supervivencia tampoco son muy esperanzadoras. A falta de criterios objetivos sobre los que poder evaluarle, los motivos de alerta ante los superiores son escasos y subjetivos. Tu jefe tendrá el control de la comunicación hacia la jerarquía y en todo caso difícilmente habrá solución. La clave estará en la solidaridad del equipo, si no tan solo esperar al día después del caos.

Cuando el jefe ostenta una **delegación total del poder**, sin un excesivo control más allá de los resultados, la situación no es mucho mejor pero abre alguna posibilidad. Esta delegación de autoridad, casi sin límites, puede tener un origen que escape a tu conocimiento; lobbies, familias de poder, amistad o algún tipo de confianza. Cuidado con moverte sin averiguar qué o quién se encuentra detrás de él. Su nivel de exigencia y de presión será alto pero no tanto como en los supuestos anteriores. El equipo y tus límites de tragar con todo son tus salvavidas.

Por último, en aquellas organizaciones donde la elección del jefe se haya realizado de **forma democrática** seguramente lo tendrá todo controlado. Se creará un clima de tensión, de limpieza de cargos y revanchismo. Quizá sea relevado en un futuro, pero el daño quedará hecho. No te alíes con los perdedores, mejor mantenerse neutral si tu objetivo es mantener tu puesto de trabajo.

Vicente y Ana se desplazaron a su central en Madrid para denunciar el comportamiento negativo de su jefe de delegación sur, que entre otras muchas cosas incluía un delicado acoso a una ejecutiva. Allí el director general de la compañía les escuchó con atención cada detalle y parecía que lo iban a resolver. Les agradeció su decisión y valentía. Al cabo de tres días ambos recibieron una carta desde Madrid: era el despido.

Así que la realidad en los entornos tóxicos precisa de una evaluación de las relaciones que dominan la estructura y los límites del uso y abuso en el ejercicio del poder.

En definitiva, cualquier entorno de poder puede generar un liderazgo tóxico porque está en la propia personalidad de algunos dirigentes; la naturaleza les ha hecho así.

Pero no te preocupes, más adelante valoraremos cómo enfrentarnos a las diferentes situaciones.

Y DE DÓNDE VIENE SU TOXICIDAD

El origen de estos jefes se encuentra en un desequilibrio emocional, porque un comportamiento tóxico no responde a criterios racionales.

El abuso de poder y la manipulación de las personas lo ejecutan contra toda lógica y lo aplican frente a todas las recomendaciones para construir relaciones y obtener resultados en una organización. ¿Por qué entonces esta actitud? ¿De dónde proviene?

Las causas de esta actitud las podemos encontrar entre diferentes orígenes:

- Causas genéticas, de origen psicosocial.
- Problemas en la infancia, maltrato, humillaciones, falta de referentes positivos a los que imitar o un entorno familiar excesivamente autoritario.
- Vivencia de alguna situación traumática que haya trastocado su escala de valores.
- Baja autoestima, complejos o miedos interiores.
- Un referente imposible, alguien a quien superar, una obsesiva persecución de metas irreales o personas inalcanzables.
- La falta total de empatía, considerada una anomalía cerebral, que anula sentimientos, culpas y remordimientos.
- Ausencia de relaciones naturales fuera del trabajo; vida social o familiar.

Y seguramente muchas más que podría detectar un psicólogo o un psiquiatra en cada caso. Sea cual sea la causa no estamos ante una persona normal. Las personas que han vivido situaciones similares y tienen comportamientos parecidos mantienen vínculos al verse reflejadas entre ellas y por lo tanto se atraen. Ya lo hemos descrito.

Las personas que han vivido situaciones similares y tienen comportamientos parecidos mantienen vínculos al verse reflejadas entre ellas y por lo tanto se atraen.

Pero ante todo les abruma un sentimiento infantil de incomprensión.

NADIE LE ENTIENDE

Nadie entiende al jefe. Él es quien soporta el peso de la empresa, o eso cree, y vuelca su responsabilidad con ella. Se la juega a diario, es el que más trabaja. A veces arriesga su dinero, otras su prestigio o su patrimonio, por lo que no dudará en emplear cualquier estilo, conducta o decisión que le ayude a salvaguardarlos y si es posible hacerlos crecer.

¿Has sido empresario? Si lo eres o lo has sido sabrás de lo que te hablo, pero si no lo has sido es difícil que lo comprendas del todo.

He conocido empresarios que lo han perdido todo por su empresa y sus empleados. Y también he conocido todo lo contrario, que lo han sacado todo mientras podían y luego no había nada para que los demás sobrevivieran a los malos tiempos. Es cuestión de ética, pero no es ilegal, al fin y al cabo su función como empresario no lleva implícita una función de compromiso social o de solidaridad.

Hay que superar la idea de los antagonismos; del jefe explotador al jefe paternalista. Ambos pueden coexistir por igual, por propia naturaleza y por la propia dinámica organizacional.

El jefe es un gran incomprendido porque se siente por encima de los demás y posiblemente lo esté, como hemos referido en páginas anteriores. Es un profesional cualificado, de eso no hay duda, y ha llegado lejos.

El jefe es un gran incomprendido porque se siente por encima de los demás, y posiblemente lo esté. Es un profesional cualificado, de eso no hay duda, y ha llegado lejos.

Marian Martí[26], psicóloga especialista en comportamiento con quien he compartido muchos momentos, me comenta en este punto: *"Todas nuestras acciones se rigen por un escalón de profundidad llamado creencias. Las creencias son ideas, pensamientos sobre cómo tengo que funcionar yo, cómo lo deben hacer los demás y cómo debe ser el mundo de bonito y de justo. El líder tóxico, como cualquier persona, tiene en su cabeza su verdad absoluta y actúa como tal, sin llegar a contemplar que es posible que tan solo sea su percepción de la realidad y no la realidad misma".*

---

26   Ian De psique, Centro de Psicología y Desarrollo Personal. Alzira (Valencia).

Es precisamente esta percepción subjetiva la que le genera esa sensación de incomprensión. Ser un jefe incomprendido significa que no recibe de los demás el reconocimiento que cree que merece. Siente que le falta algo porque cree ser algo que no demuestra ser y necesita escuchar halagos, recibir gratitud y sentirse admirado.

La incomprensión es una carga emocional, es un sentimiento que provoca reproches continuos hacia los demás, falta de confianza en las personas y que conduce a la soledad. El jefe debería conocer el origen de este sentimiento pero prefiere no saberlo, porque los demás no están a su altura para comprender y menos para juzgar.

Su **altibajos emocionales**, sobre los que profundizaremos más adelante, hacen que sea imposible seguirle el ritmo bajo pena de que acabemos con ciertos trastornos y daños emocionales.

A este jefe le domina una energía incontrolable; es un volcán de ideas, de deseos, de visiones, de proyectos aunque a veces tanto calor quema y termina abrasando todo lo que toca.

Pero sobre todo es **imprevisible,** por lo que cuando crees que le has tomado el pulso todo cambia, se deshace y vuelve al punto de partida o a otro diferente. Y cada retorno cansa, deja secuelas físicas de agotamiento y psicológicamente produce una nueva frustración, otra más.

Y entre ida y vuelta… *"es que nadie me sirve, nadie me sigue el ritmo. Es que nadie me entiende".*

TIENE SUS MOTIVOS

Puede que el jefe tóxico tenga sus motivos para sentirse un incomprendido, porque realmente lo es. Pero esto no se debe a la forma de pensar de los demás hacia él sino a las consecuencias de su propia actitud que fortalecen esta percepción:

- Es un inestable emocional; tiene bruscas variaciones en su estado de ánimo y las hace visibles, las proyecta y busca el contagio entre los demás.
- Mantiene variaciones radicales en el juicio sobre las personas; hoy te ascendería, mañana te despediría. Es excesivamente sensible y trascendente con hechos y palabras sin llegar a reflexionar sobre su ocasionalidad y conveniencia.
- Traslada continuos cambios a la hora de establecer prioridades, porque presta máxima atención a movimientos externos y no es capaz de madurar las decisiones y la conveniencia de implantarlas de forma inmediata.

- Por ese mismo motivo paraliza procesos que recientemente eran importantes, dejando a las personas que estaban a cargo de ellos con una sensación de inutilidad y de esfuerzo baldío.
- Varía el rumbo de la estrategia año tras año, porque nada realmente ha funcionado el año anterior. El cúmulo de despropósitos llevados a cabo cada año deja su legado de fracasos, entre proyectos incompletos y abandonados, y el abandono de personas clave que estaban a cargo de ellos.

Con estas actitudes... ¿Cómo espera que le comprendamos?

DESCRIBIENDO AL JEFE TÓXICO

El entorno, las dificultades a las que se enfrenta un jefe o el complicado día a día de su responsabilidad es algo que nadie niega. Ya he planteado algunos puntos en cierta comprensión e intentaré mantener ese hilo de salvación porque, insisto, necesitamos comprender y empatizar con este líder. No vamos a cometer el mismo error con el jefe que aquel que pretendemos poner al descubierto.

El especialista en liderazgo Simon Sinek, autor de *Start with Why*[27], afirma que en caso de topar con un jefe tóxico, es mejor tratarle *"como una persona, en lugar de como un problema"*.

Los que hemos vivido y convivimos cerca de las áreas de responsabilidad y dirección, sabemos que la perfección en el estilo de liderazgo no es muy frecuente, no es fácil y está reservada a unas pocas personas, gente muy especial.

También es cierto, como muchos pensaréis, que no es lo mismo liderar en situaciones óptimas como empresas que generan beneficios, equipos de alto rendimiento, consecución de objetivos que liderar equipos conflictivos u organizaciones en situaciones complejas o críticas. Tengámoslo en cuenta a la hora de juzgar, sea o no sea excusa que justifique determinadas actitudes.

No es lo mismo liderar en situaciones óptimas que liderar equipos conflictivos u organizaciones en situaciones complejas o críticas.

27   Simon Sinek, *Encuentra tu porqué, cómo los grandes líderes inspiran la acción* (Ed. Empresa Activa, 2008).

Pero seguro que también conocerás o habrás conocido auténticos líderes que bajo condiciones extremas no han traspasado la línea roja de lo humano. Es cuestión de personalidad, de actitud, de principios y de valores.

Bajo estas referencias, cada una de ellas en una dimensión diferente, podemos identificar al jefe tóxico como *una persona que ejerce influencia sobre un grupo, bajo un poder coercitivo aunque posiblemente legítimo y experto, que recurre al uso de este para explotar a las personas movido por una visión egocéntrica e individualista, cohesionando a través del miedo y el menosprecio a los demás.*

El jefe tóxico es una persona que ejerce influencia sobre un grupo, bajo un poder coercitivo, aunque posiblemente legítimo y experto, que recurre al uso de este para explotar a las personas movido por una visión egocéntrica e individualista, cohesionando a través del miedo y el menosprecio a los demás.

El liderazgo tóxico es la perversión de un estilo de liderazgo, el jefe tóxico es su resultado.

Guillermo me confesó que la máxima incertidumbre en su empresa, a primera hora de la mañana, era saber si el jefe ese día estaría en la oficina. Su secretaria tenía prohibido decirlo. Esa sensación creaba un estado de tensión que provocaba sudores fríos y angustias matinales, porque su presencia era sinónimo de día fatal. Todos sabían que el jefe era totalmente consciente de la situación y disfrutaba con ello día tras día. Y alguno hace que le llamen *El Amado Líder.*

DIEZ CARACTERÍSTICAS DEL JEFE TÓXICO

Las características del jefe tóxico, porque es más jefe que líder, son diversas porque diversas son sus motivaciones y conductas. Hasta este momento del libro ya hemos adivinado muchas, justificado otras y algunas dejarán constancia en páginas posteriores.

En la mayoría de ellos predominan unas sobre otras, aunque en casi todos se detectan varias de ellas entremezcladas, sobre las que profundizamos a continuación:

| 1. Seductor. | 2. Inmaduro. | 3. Egocéntrico. | 4. Autoritario. | 5. Mentiroso. |
| 6. Inestable. | 7. Trampero. | 8. Temeroso. | 9. Hiperactivo. | 10. Controlador. |

1. **Seductor.** Tiene su punto atractivo, seduce porque hipnotiza y toma el control de las personas hasta que estas se dan cuenta de que su voluntad queda anulada y sus expectativas destruidas. Aunque aún no hayas apreciado esta cualidad, la tiene. Al menos piensa que ha llegado hasta ahí convenciendo a alguien de sus cualidades, o si es el propietario convenciendo a todos los que hoy están y ayer estaban en la empresa.

2. Emocionalmente **inmaduro**, comportamiento vengativo, lamentos improcedentes, quejas inconsistentes y caprichos impropios. Sus problemas personales y sus complejos esconden su personalidad débil y temerosa. En cierto modo es infantil, como cuando decimos *"¡qué crueles son algunos niños!"*. El problema es que es infantil en un mundo de maduros, y eso ya no tiene tanta gracia.

3. **Egocéntrico**, necesitado de adulación permanente, donde todo gira en torno a él con esos rituales de autoexaltación tan personalizados como ineficaces y ese convencimiento de que todo lo que te ganas es gracias a él. De su egocentrismo cuelgan otros atributos como el narcisismo, la soberbia o el egoísmo. Sin él solo habría ruina y caos: es el rey.

4. **Autoritario**, con esa errónea interpretación de la gestión del poder, con esa percepción de inutilidad hacia los demás por la que solo mediante el abuso de su posición es capaz de obtener productividad y rendimiento. Con sus propios códigos de honor, donde o estás con él o contra él, creando un ambiente del que no se puede salir indemne. Inflexible porque tiene autoridad y ejerce la autoridad, porque sabe que depende de su gestión para evitar la pérdida de respeto, o el cuestionamiento de sus decisiones, por lo que difícilmente reconocerá sus errores.

5. **Mentiroso**, porque la mentira es su recurso, porque a falta de una realidad que justifique sus actos crea una paralela, un mundo lateral sustentando en la ausencia de la verdad. La mentira, como veremos más adelante, es un arma retorcida pero muy utilizada, y le funciona para sus intereses. Además de mentiroso, es un incumplidor nato de compromisos, que viene a ser algo parecido pero con peores efectos, ya el incumplimiento derriba expectativas y genera frustración.

6. **Inestable**, bipolar, cambiante e imprevisible, ajeno a toda lógica conductual, en una montaña rusa en la que si subes acabas mareado y si no subes es imposible de seguir. Tiene un problema serio con estos desequilibrios, de diferentes orígenes que analizaremos con detalle. Esto le lleva a ser calificado como eternamente insatisfecho y falto de visión, ya que su visión es variable y puede que inalcanzable. Por eso decimos que más que una visión tiene una alucinación.

7. **Trampero**, que buscan a atrapar a las personas y evidenciarlas, que disfrutan haciéndolo y tejiendo una nueva tela de araña que no podrás prever y de la que no podrás escapar. Que sabe cuándo y cómo caerás en su trampa, que disfrutará viéndote en ella atrapado y sonreirá mientras te hundes en la ciénaga de su injusticia.

8. **Temeroso** e inseguro porque en ocasiones es consciente de su debilidad y tiene pavor a ser descubierto y públicamente señalado por lo que destruye primero equipos y luego personas. Esconde pánico a perder el estatus, a perder su imaginada adoración a su persona lo que le transforma en insensible y falto de empatía. Pero tarde o temprano quedará al descubierto, porque el mundo es más pequeño de lo que él imagina.

9. **Hiperactivo**, que no para y que espera que los demás tampoco lo hagan. Siempre algo nuevo que hacer, da igual si es lo conveniente o lo aconsejable. La presión por la presión ante su propia incapacidad de poder gestionar su endiablado ritmo vital. Altamente competitivo, aliado con el estrés vital y posiblemente adicto al trabajo, con escasa vida social o familiar. A su lado la tensión permanente te agarrará por el cuello hasta asfixiarte.

10. **Controlador**, porque nada se le puede escapar, porque necesita la información para calmar su control obsesivo, porque piensa que su gente le está haciendo perder tiempo o dinero, y no es de fiar. Es una obsesión manipuladora que convierte el lugar de trabajo en un plató de Gran Hermano.

Diez tipos para que identifiques al que tienes más cerca, y cuando valores su perfil puedas prevenir sus reacciones y evitar que te afecten en la menor medida posible.

Teniendo claro este contexto, la detección y el diagnóstico de un jefe tóxico quedan más despejados y todo sigue encajando.

Estas actitudes visibles y dañinas representan a nuestro *Gran Jefe* particular, el que sufrimos cada semana en nuestro trabajo, el que hace que nuestra actividad profesional sea lo más lejano a lo que desearíamos, y crea un ambiente laboral tóxico donde nuestra reflexión más repetida es *"tengo que salir de aquí cuanto antes"*.

Como habrás apreciado no he agregado la incompetencia. Claro que hay jefes incompetentes, sin capacidad ni conocimiento, con decisiones erróneas una tras otra, pero no es una cualidad que interese en este estudio. Por algún evidente motivo esta incompetencia les otorga, solo a veces, una trayectoria más corta en sus puestos profesionales, por lo que no siempre queda reflejado en la mayoría de fuentes consultadas y en los estudios llevados a cabo. En todo caso, disculpas si esperabas contenidos al respecto, pero conste que llegaré a ellos más pronto que tarde.

La gestión del talento

El talento siempre ha sido complicado de definir y por lo tanto su gestión es muy diferente según el tipo de empresa, la cultura corporativa y el estilo de liderazgo. En términos generales el talento se refiere a la suma del conocimiento, la experiencia, las habilidades y la actitud, y su gestión es responsabilidad de los líderes de equipo y de los profesionales en la gestión de personas.

Como sabéis, la **gestión del talento**, del valor de las personas en una organización, comprende 3 procesos:

1. **Atracción**, construyendo una imagen que seduzca a los buenos profesionales y así poder disponer de las personas más capacitadas.
2. **Desarrollo** de las personas para conseguir mejorar el potencial y el rendimiento futuro del equipo y la organización.
3. **Retención** para crear un equipo estable y comprometido que aporte solidez y estabilidad y ayude a alcanzar sus objetivos estratégicos.

Qué bien suena ¿verdad? Pues sabemos de sobra que no es así y vemos cómo, día tras día, se reprime a las personas provocando justo el efecto contrario a través de una nefasta gestión del talento.

LA FLOR VENENOSA. ATRAER Y DESTRUIR

Si profundizamos en las políticas de **atracción del talento**, existen varias líneas de acción que las organizaciones ponen en práctica para contar con los mejores perfiles profesionales para sus puestos de trabajo. Entre estas acciones, englobadas en las estrategias de *employer branding*, encontramos: la construcción de una marca atractiva, la satisfacción de los empleados y un liderazgo atractivo.

Crear una **marca atractiva** se lleva a cabo haciendo visible la empresa a través de la comunicación, un marketing adecuado, una posición competitiva relevante, contenidos en redes sociales y entornos digitales, participación en eventos, ofertas de empleo en los sitios adecuados, entre otras actividades.

Los **empleados satisfechos** son consecuencia principalmente de la creación de un clima laboral positivo y una justicia donde las personas actúan como *embajadores de marca* hacia su entorno, antiguos compañeros de trabajo, de estudios o ante la misma competencia.

Y por último, disponer de un **líder efectivo** que sea capaz, a través de su marca personal y su reputación, de ser icono y referente corporativo hacia el talento interno y externo.

Asumimos de nuevo que muchos jefes tienen cualidades positivas como líder pero las negativas son más visibles y representativas: es el líder tóxico. Atrae el talento como una flor venenosa, como esa planta de aromas y colores atractivos que engulle a los que se posan sobre ella. Pero esa flor solo es una ilusión porque tras ella no hay más que angustia.

Una vez atraído se trata de hacerlo crecer, y se lleva a cabo aplicando políticas de **desarrollo del talento**, que más que una recomendación es una obligación para las organizaciones. Comprende las acciones encaminadas a mejorar las habilidades y los conocimientos de las personas que integran la organización a través de la formación, las evaluaciones del desempeño o el empoderamiento.

La **formación,** como un recurso necesario para aumentar la capacidad y el potencial de las personas, actúa como factor de motivación y aumenta las expectativas de crecimiento al visualizar un plan de carrera.

Las **evaluaciones del desempeño,** entrevistas entre responsable y empleados a su cargo donde se revisa el nivel de cumplimiento de la tarea y la conducta, orientadas a valorar y mejorar la actividad personal, colectiva y funcional de cada persona.

Y el **empoderamiento,** a través de la delegación de determinadas responsabilidades y de la participación, para ir creciendo en autonomía y en la toma de decisiones.

Pero como veremos el desarrollo del talento ni es una prioridad ni es una realidad bajo un liderazgo tóxico.

El desarrollo del talento ni es una prioridad ni es una realidad bajo un liderazgo tóxico.

Si hay una acción sencilla y potente en la retención del talento es el **reconocimiento.** Las personas necesitan ser apreciadas y valoradas en la vida y en trabajo, es una forma de saber que cuentan con ella, que alguien está atento a su trabajo, que son útiles, de conocer cuál es su margen de mejora y qué espera de ella la organización.

En el ámbito **privado,** entre líder y subordinado, el reconocimiento genera lazos y aumenta la fidelización y el compromiso. Una *enhorabuena*, un agradecimiento, un *"sigue así"*.

El reconocimiento **ante los demás** es una afirmación poderosa, que genera autoestima y aumenta el respeto de la persona ante sus compañeros. Y más allá también existe un ámbito **social** a través de colectivos profesionales, donde supone una forma de proyectar al mercado el alto nivel de sus empleados, por lo tanto del valor de la organización.

El reconocimiento, tanto si no se aplica como si se minimiza o se comparte de forma desigual o injusta, genera un conflicto donde la persona afectada queda decepcionada o frustrada. Si en tus méritos el jefe ha tenido algo que ver se los atribuirá para minimizar tu éxito, y si no ha tenido nada que ver se encargará de que nadie se entere.

El jefe tóxico evita a conciencia dar reconocimiento por diversas razones. Una de ellas es evitar que te vengas arriba y que te atribuyas méritos que no le revierten a él, y otra es bajarte los humos porque no quiere a nadie a su altura, que no pienses que te vas a librar de la presión, ni bajes el ritmo y que los demás tampoco reconozcan tu trabajo. Y así mantener a todo el equipo a raya e intacto su estatus de falso líder.

Lo cierto es que la falta de reconocimiento va socavando tu implicación, un motivo más para que tengas la cabeza más fuera que dentro de allí.

La falta de reconocimiento va socavando tu implicación, un motivo más para que tengas la cabeza más fuera que dentro de allí.

SIN COMPROMISO NO HAY RETENCIÓN

Si reconocer y desarrollar el talento es así de complicado bajo un liderazgo tóxico, imagina lo que será fidelizar y retener a las personas válidas en la organización.

Sin compromiso no hay retención. El compromiso es otro de los grandes déficits en la mayoría de organizaciones. Por muchos esfuerzos que se lleven a cabo desde la dirección o el departamento de recursos humanos, un liderazgo negativo la quiebra de forma radical.

El compromiso en la empresa refleja una relación de carácter afectivo y profesional de los empleados con la organización que crea un vínculo de identificación y lealtad y genera un deseo de permanecer en ella. Meyer y Allen[28] nos dicen que este vínculo psicológico se puede alcanzar mediante tres componentes:

1. **Compromiso afectivo (*deseo*),** que significa la identificación psicológica del empleado o colaborador con los valores y la filosofía de la empresa.
2. **Compromiso de continuidad (*necesidad*),** cuando la vinculación del trabajador con la organización es de carácter material, como el puesto de trabajo o el salario.
3. **Compromiso normativo (*moral*),** donde el sentimiento de lealtad es motivado por aspectos de tipo ético, cultural o familiar.

No es tan difícil de lograr; un liderazgo positivo genera compromiso por sí mismo, mientras que un liderazgo negativo genera una reacción contraria muy acentuada. El **compromiso,** uno de los grandes retos y aspiraciones de las empresas, tiene una serie de pilares sobre los que debe sustentarse, y si no es así nunca se producirá de forma natural.

Una organización debe desarrollar el compromiso y la implicación a través de la satisfacción en el trabajo, y esto se consigue aplicando algunos de los recursos de la motivación, como:

- **Política retributiva** adecuada y justa que garantice la fidelidad y evite la fuga por necesidad o por injusticia percibida.
- **Independencia** a la hora de determinadas decisiones y formas de llevar a cabo las tareas, esa sensación de libertad tan fabulosa para tantos profesionales, sobre todo en aquellos con mayor experiencia.
- Buen **ambiente laboral,** fundamental para crear relaciones adecuadas y una necesaria tranquilidad emocional.
- **Flexibilidad y conciliación,** porque no todos tenemos las mismas necesidades en la gestión del tiempo, y además compensa los excesos de jornada invertidos en épocas de mayor trabajo.
- **Plan de carrera,** para que cada persona sea capaz de trazar un programa interno de crecimiento y desarrollo que sea capaz de satisfacer objetivos y expectativas.

---

28 Meyer, J. P. y Allen, N. J. "Los 3 componentes del compromiso organizacional". *Human Resource Management Review* (1991).

Salvo la parte retributiva, el resto de recursos se enmarcan en el llamado salario emocional. El **salario emocional** existe para englobar las retribuciones no económicas. Aunque a veces se abusa de la referencia de lo emocional, sí es cierto que cuando nos centramos en el liderazgo tóxico estamos hablando de una clara afección emocional y de los vaivenes que provoca en los estados de ánimo. Estos continuos cambios de ritmo afectan a los equipos, al ambiente laboral y a las personas. Destruir o transformar ilusiones y expectativas, de eso se trata.

CADA UNO SUS EXPECTATIVAS

En la década de los sesenta Víctor Vroom[29] dio a conocer su *Teoría de las Expectativas*. En ella sostiene que las personas tienen pensamientos, esperanzas y expectativas sobre su futuro y estas determinan su conducta, y lo explica a través de tres variables:

En consecuencia las personas más motivadas son las que conciben metas que alberguen una alta probabilidad de éxito.

Lo cierto es que en las organizaciones gestionadas bajo un liderazgo tóxico las expectativas creadas suelen ser irreales porque el jefe es incapaz de evaluar de forma correcta la relación entre potencial y desempeño en la tarea, entre lo que se da y lo que se podría dar.

En las organizaciones gestionadas bajo un liderazgo tóxico las expectativas creadas suelen ser irreales porque el líder es incapaz de evaluar de forma correcta la relación entre potencial y desempeño.

---

29   Victor Vroom, psicólogo y profesor de la Escuela de Administración de Yale.

El potencial será posiblemente alto, pero los efectos de su tóxica gestión reducirán el desempeño hasta niveles mínimos.

Y ¿cuáles son las expectativas de un empleado? Las aspiraciones naturales de un empleado, ese nivel superior que se proponen y desean alcanzar son, entre otras: ascender, ganar más dinero, tener estabilidad en el trabajo, desarrollarse, aprender y formarse, ser reconocido, mayor autonomía o buen ambiente laboral. Vamos, lo normal.

Si el jefe no da respuesta a estas aspiraciones, si en su día a día se encarga de imposibilitarlas, el efecto sobre la motivación y el rendimiento es demoledor, y los empleados terminan albergando una sensación de frustración.

¡QUE PASE EL SIGUIENTE!

La presión del jefe sobre las personas se llama *bossing*, y a ojos de algunos jefazos funciona a la perfección. En primer lugar porque la gente acaba marchándose de la empresa y le dan la excusa perfecta para justificar *"no estaban al nivel… no aguantaban la presión mejor se vayan… no daban el perfil que necesitamos…"*. Y en segundo lugar porque se ahorran el despido.

Pero la realidad es justo lo contrario. La marcha voluntaria de una persona de una empresa se produce cuando puedes elegir entre quedarte o irte y cambiar, mientras que el despido, en cierto modo, justifica una falta de cumplimiento por parte del despedido en sus funciones y responsabilidades, por lo que un empleado evitará este final mientras pueda. Es la temida alta rotación, mala para todos.

En las condiciones que estamos narrando a lo largo de este libro es casi imposible una fidelidad al jefe, y por tanto a la organización, por propia voluntad. En todo caso se justificaría por miedo, comodidad o falta de oportunidades fuera de allí.

El primer caso denotará debilidad para el que se marcha, el segundo muestra a una persona con más limitaciones que cualidades, mientras que en el tercero la persona seguramente aún no es reconocida en el mercado.

En cualquier caso tanto el despido como la fuga voluntaria de un empleado, de forma más o menos continua, hacen daño a la empresa y dejan un sospechoso rastro en el mercado.

EL RASTRO SOSPECHOSO

El problema de esta **rotación,** sea voluntaria o por despido, es que el jefe es incapaz de valorar el efecto negativo que provoca en el mercado y en los clientes.

Por un lado **el mercado** percibe a esta empresa como una organización inestable, por lo tanto débil frente a su competencia. El talento se convierte en un valor complicado de atraer y la competencia centrará su estrategia en ocupar parte de su hueco en el mercado.

Por otro lado **los clientes** ven con miedo el tránsito de ejecutivos y empleados, lo que les genera una inestabilidad preocupante. Hablar cada vez con una persona diferente rompe algo sagrado en las relaciones profesionales: la confianza y la seguridad entre personas. Esta situación, evidentemente, es un disparo en el pie que imposibilita la fidelización de clientes, necesaria para la estabilidad y los planes de expansión de cualquier empresa.

> *Los clientes ven con miedo el tránsito de ejecutivos y empleados, lo que les genera una inestabilidad preocupante.*

Frases como *"O lo haces a mi manera, o te vas"* son habituales porque su modelo de gestión es claro e invariable. *"El que no se adapte a mí y a mi empresa se tendrá que marchar. Y que sea cuanto antes". Dixit.*

Sin compromiso no hay estabilidad interna, se disminuye el flujo del conocimiento y la experiencia y la sensación de estabilidad. Tampoco hay estabilidad externa pues es imposible fidelizar a los clientes y crecer si cada vez hay que empezar de nuevo y con nuevas personas. La organización está presa de su propia ambición.

MALDITOS INFIELES

Si estas acciones son aplicadas desde los departamentos de recursos humanos, mejor les llamemos de gestión de personas si lo merecen, evitarán el nacimiento de un estilo tóxico, pero si el comportamiento negativo es desconocido por la organización o está respaldado por la dirección, ni siquiera todas estas acciones juntas conseguirán mejorar la retención.

El jefe tóxico no va a perder tiempo ni recursos aquí, pues tiene claro que los empleados son infieles por naturaleza. Se irán a la competencia sin dudarlo por las mismas condiciones, o incluso por menos.

Para el jefe tóxico los empleados son infieles por naturaleza. Se irán a la competencia sin dudarlo por las mismas condiciones, o incluso por menos.

Por ello se aprovecha y exprime al máximo a las personas, porque en cualquier momento abandonarán el equipo y podrían irse a un competidor con algo de su talento aún por dejar. Verás pasar a mucha gente, verás que siempre que entra alguien nuevo se describe como un *crack*, pero con el tiempo te das cuenta de que no es cierto. A medida que vas sumando semanas y meses analizarás quiénes son tus compañeros, comenzarás a oír historias de los que ya no están y acabarás comprendiendo por qué los mejores abandonaron el lugar.

Si algo piden las personas a sus jefes es la ejemplaridad. Es uno de los rasgos más demandados por profesionales con mayor experiencia para valorar a un buen líder.

La ejemplaridad se basa en la coherencia entre actitudes y en valores. El líder ejemplar genera adhesión y admiración, y se convierte en un referente aspiracional para las personas de su equipo. Si estos valores son coincidentes entre líder y organización se genera compromiso. Si van en sentido contrario se produce confusión y falta de confianza.

Guillem Recolons[30], experto en *personal branding*, nos aporta comentando este apartado que la mayor parte de empresas relacionadas con gestión del capital humano afirman que los profesionales que deciden marcharse normalmente no lo hacen por falta de alineación de valores con la organización, sino con el jefe.

Si cumples objetivos y ganas poder y el respeto de tus compañeros eres un peligro. Porque amenazas su seguridad, porque no podrá presionarte y porque acabarás marchándote.

Buscando una salida.

Hasta aquí la parte teórica, la que algunas organizaciones aplican en la gestión del talento. Pero más que una voluntad, ¿es una realidad en la mayoría de ellas?

Como estamos analizando paso a paso a lo largo de este libro, la realidad dista mucho de lo ideal. El liderazgo tóxico no solo anula por omisión la gestión del talento, sino que lo destruye por propia definición.

---

30   Guillem Recolons: *Personal Branding Strategist*. Especializado en programas de Marca Personal y employee advocacy para organizaciones.

El liderazgo tóxico no solo anula por omisión la gestión del talento, sino que lo destruye por propia definición.

Y una vez destruido, ya no queda nada por gestionar hasta que se produce un recambio del talento o del propio líder.

La conclusión es que la gestión del talento bajo un liderazgo tóxico se centra con intensidad en la **atracción**, se va perdiendo durante el **desarrollo** por falta de actitud positiva, de fe en las personas o por cambio en las prioridades, e imposibilita la **retención** salvo en aquellas personas que quedan ajenas al objetivo destructor de ese mal llamado líder, o aquellas que supongan el mínimo necesario para mantener funcionando la organización.

En estos casos la estrategia principal de retención del talento se basa en una política retributiva alta para proteger a la guardia pretoriana del jefe que mantendrá a flote su estructura, y de la que daremos buena cuenta más adelante. Pero desde luego estas personas no serán, en la mayoría de los casos, los empleados estrella, porque estos se habrán marchado ya.

Pedro, director de recursos humanos en una empresa inmobiliaria, me repite cada vez que hablamos lo que dice su jefe cada lunes por la mañana: *"Si esto sigue así voy a cerrar, porque a mí esto no me hace falta para vivir"*, pero sabe perfectamente que Pedro sí lo necesita.

¿Y tú que haces en estos casos? Vas buscando una salida y aunque lo que diga es mentira o tan solo es una amenaza, tu cabeza ya estará más fuera que dentro.

Si nos creemos aquello de que *"lo importante en una organización son las personas"*, vamos a tener que prestar mucha más atención a los efectos del liderazgo tóxico sobre el talento.

El triturador de emociones

Hemos analizado al jefe tóxico como una persona con cualidades positivas pero con déficit emocional, inestable y tendente a la bipolaridad. Con unos cambios de ritmo radicales e imprevisibles, y a pesar de todo asumiendo unas funciones directivas y teniendo que tomar decisiones a diario. Que puede pasar de líder carismático a jefe tóxico en cuestión de horas.

Pero en un estado poco lúcido y reflexivo las decisiones no tienen la garantía de ser las más adecuadas. La **toma de decisiones** requiere razonamiento y pensamiento para elegir una alternativa en la solución a un problema. No es esta indecisión o inseguridad una característica en el estilo de liderazgo negativo, sino todo lo contrario.

No le temblará la mano ante decisiones poco meditadas porque le define la firmeza. Tampoco lo hará ante aquellas que puedan ser cuestionadas por el resto del equipo pues contará con el ejercicio de la autoridad como beneficio lateral. Pero cuando son tomadas bajo una falta de control emocional aparecen, además de riesgos operativos y humanos, riesgos emocionales.

RIESGOS Y CONSECUENCIAS

La **capacidad para asumir riesgos** es otra de las habilidades directivas más relevantes, sobre todo en pequeñas empresas, ambientes inestables y situaciones de incertidumbre. Asumir riesgos supone identificar estas situaciones, evaluar consecuencias y adoptar la decisión más adecuada.

El jefe tóxico, como hemos introducido, toma decisiones sin que necesaria y literalmente sea una habilidad en su *pull* de cualidades. Dentro de la organización lo hace habitualmente y asume riesgos, ya que los planes se modifican con demasiada facilidad, pero es incapaz de evaluar adecuadamente los efectos de estas decisiones, cuyas consecuencias afectan en gran medida a las personas.

El efecto del liderazgo tóxico afecta en mayor medida a las emociones de las personas que a la propia estructura de la organización o a sus procedimientos. Y este daño emocional tiene consecuencias sobre el estado de ánimo de las personas y del colectivo. El manejo de las emociones del jefe tóxico es sin duda una de sus mayores debilidades, además de una gran irresponsabilidad a la hora de gestionarlas.

El efecto del liderazgo tóxico afecta en mayor medida a las emociones de las personas que a la propia estructura de la organización o a sus procedimientos.

Para comprender mejor la gestión de las emociones surgió en 1990 el concepto **Inteligencia Emocional**, término creado por Peter Salovey[31] que la definía como *"una destreza que nos permite conocer y manejar nuestros propios sentimientos, interpretar y enfrentar los sentimientos de los demás, sentirse satisfechos y ser eficaces en la vida a la vez que crear hábitos mentales que favorezcan nuestra propia productividad"*.

Cuando hacemos referencia a sentimientos y actitudes ante determinadas situaciones conviene definir estos tres términos:

* **Emociones;** son sentimientos intensos y de corta duración, como por ejemplo una carcajada o un momento de pánico.
* **Estados de ánimo;** son sentimientos más difusos, sin causa específica y con una duración superior, como la alegría o la tristeza.
* **El carácter personal,** que es la tendencia estable para responder a determinadas situaciones como, utilizando el mismo referente, ser divertido o temeroso.

Daniel Goleman[32], principal desarrollador de la *Inteligencia Emocional*, afirma que el conocimiento no lo es todo en la empresa y lo evalúa como un factor cuyo desarrollo potencial se encuentra en el conocimiento de las

---

31 Peter Salovey: especializado en psicología social, presidente de la Universidad de Yale y uno de los pioneros de la inteligencia emocional.
32 Daniel Goleman: psicólogo, periodista y escritor estadounidense. Autor del libro *Inteligencia Emocional* (editorial Kairós, 1996).

necesidades emocionales. Con ello nos aporta conceptos de origen emocional de gran importancia para el trabajo en la empresa y en equipo, como el liderazgo, la motivación o el compromiso que muchos jefes conocen y muy pocos aplican.

En el ámbito **intrapersonal**, la inteligencia emocional aporta un nivel de autoconciencia y conocimiento propio que ayuda a controlar los estados de ánimo y evitando así el daño emocional a uno mismo. Es importante en el liderazgo pues le aporta equilibro ante su propio ego.

En cuanto al ámbito **interpersonal**, las personas con facilidad en su dominio son capaces de manejar personas difíciles, controlar situaciones complejas, detectar posibles conflictos o plantear soluciones para las personas implicadas, lo que le aporta una gestión ecuánime, respetuosa y justa de las personas.

Las emociones forman parte de nosotros, y en la mayoría de los casos están íntimamente relacionadas con los aspectos de nuestra conducta. Manejar las **propias emociones** supone conocer y controlar nuestros sentimientos, lo que convierte a este habilidad en un *moderador de nuestra conducta*.

Pero las emociones también son colectivas, creando un ambiente en el trabajo donde coexisten tanto las positivas como las negativas de forma habitual y es bueno identificarlas. Y manejar las **emociones de los demás** revierte de forma positiva en las relaciones interpersonales.

Si un jefe hiciera un esfuerzo para manejar de forma correcta las emociones de sus subordinados, actuaría de la siguiente forma:

- Reconociendo y aceptando las emociones propias, controlando sus estados de ánimo.
- Poniéndose en el lugar de los demás, escuchando y comprendiendo.
- Gestionando las emociones de los demás a través de la ayuda, la comprensión y la flexibilidad cuando haga falta.
- Creando relaciones sociales positivas entre personas y equipos.

Eduardo me comentó en una de las conversaciones previas a esta publicación que resulta demasiado fácil criticar y cuestionar las actitudes negativas que estamos analizando sin ponernos en su piel, y es cierto. Todo sería más fácil si fuéramos jefes por un día para ver si nos comportaríamos igual o parecido. Y también que él fuera empleado por un día para empatizar con sentimientos y estados de ánimo experimentados bajo su gestión. Sería empatía de verdad, pero difícilmente ocurrirá ni una cosa ni la otra.

SOLO ES CUESTIÓN DE EMPATÍA

La empatía no es solo ponerse en la piel de los demás, eso es quedarse corto. Es comprender desde tu posición y asumir un respeto por los demás sin estar necesariamente de acuerdo con sus opiniones o con el estado de ánimo de la otra persona.

La empatía precisa de la observación y escucha activa y de un esfuerzo emocional para comprender a los demás. Qué fácil es hablar y qué difícil es escuchar, qué fácil es llenarse la boca de la importancia de ser empático y qué difícil es serlo.

La empatía nos diferencia de los animales y tanto los antropólogos como los neurocientíficos tienen claro que es responsable de nuestra supervivencia como especie y de habernos llevado a lo más alto en la pirámide del mundo animal. También coinciden en que la falta de empatía puede tener origen en una disfunción cerebral, un trastorno de la personalidad o una enfermedad mental caracterizada por estados de ánimo inestables. ¿Os suena?

Según un reciente estudio entre estudiantes universitarios[33] los resultados indicaron que estos son un cuarenta por ciento menos empáticos que lo eran en los años ochenta. El motivo recae sobre la disminución de relaciones personales, la falta de esfuerzo, las exigencias laborales y el estrés, el mal uso del tiempo o el uso de las redes sociales, entre otras. El mundo pierde empatía, y esto es un desastre.

Así como el exceso de empatía afecta emocionalmente a las personas generándoles sufrimiento, su falta es una de las claves de todo lo que estamos compartiendo. Es una de las deficiencias emocionales más desconcertantes, porque la empatía es un instinto natural. Sin empatía no hay compasión y si no la hay las conductas negativas quedan expuestas a una reacción instintiva que anula los remordimientos.

Para mayor sorpresa nuestra los científicos relacionan directamente la falta de empatía con la psicopatía social, ya mencionada en el capítulo dos. Por eso no es casualidad que la ausencia de empatía sea una de las características principales de los jefes tóxicos, y causa principal de abandono de las empresas junto a la falta de reconocimiento, que igualmente define al liderazgo negativo.

---

33 "College students have less empathy than past generations", Sara Konrath, investigadora del Instituto de Investigación Social de la Universidad de Michigan (2010).

No es casualidad que la ausencia de empatía sea una de las características principales de los jefes tóxicos, y causa principal de abandono de las empresas junto a la falta de reconocimiento.

LA AUTOJUSTIFICACIÓN

La autojustificación tiene que ver con la *disonancia cognitiva*[34], concepto que utiliza la psicología para explicar la tensión que se produce cuando una persona mantiene de forma simultánea dos certezas incompatibles o enfrentadas.

Esta contradicción se resuelve con la búsqueda de una exoneración, que parte de su visión personal como persona justa y honesta, y que termina siempre dando la razón a sus propias decisiones, lo que explica el autoengaño como recurso para neutralizar su sentimiento de culpa.

Si esta justificación consigue modificar hábitos o cambiar objetivos en sus acciones se llamará autojustificación *positiva*. Si por el contrario sirve para mantenerse como víctima, es una autojustificación *negativa*. En el entorno laboral tiene dos ámbitos:

- La **autojustificación personal** es un recurso defensivo que activa el cerebro para evitar que te infrinjas daño y sentimiento de culpa: *"no me queda otro remedio"*, *"no tenía otra opción"*.

- La **autojustificación colectiva** sirve para que varias personas encuentren la aceptación de un grupo hacia su conducta, y provoca un efecto placebo: *"No soy el único, hay muchos más"*, *"No debo ser tan malo, estoy haciendo lo que debo"*, *"... pero yo obtengo resultados"*.

Precisamente por esto decíamos en los primeros capítulos de este libro que pertenecen a un colectivo con el que se identifican y se sienten respaldados. Estos líderes saben lo que deberían que hacer, eso nadie lo duda, pero no lo hacen porque la culpa la tiene su gente y nos les queda otra elección.

Como buenos admiradores del *Superhombre* huyen de la ética y la moral dominante para buscar acomodo bajo otras reglas propias, diferentes y ajenas a los demás y por lo tanto imposibles de juzgar, refugiándose algunos de ellos en una fachada de espiritualismo, ritos budistas, retiros y una vida

---

34   Teoría de la disonancia cognitiva. Leon Festinger (1957).

bohemia que solo representa un mundo irreal. Porque necesitan proyectar que son diferentes a los demás.

Como buenos admiradores del Superhombre huyen de la ética y la moral dominante para buscar acomodo bajo otras reglas propias, diferentes y ajenas a los demás, y por lo tanto imposibles de juzgar.

SUBIDONES Y BAJONES

Las emociones **negativas** habituales en el trabajo suelen estar representadas por estados como la decepción, la envidia, la frustración, la inseguridad, la irritación, el miedo o el rechazo.

Por el contrario, las emociones **positivas** más presentes en el ambiente laboral son de admiración, alegría, alivio, calma, curiosidad, confianza, optimismo, respeto o serenidad.

Si haces una lista de ellas podrás analizar si hay un ambiente equilibrado o tendente a la negatividad en tu entorno laboral. De su resultado debería depender su gestión hacia el buen clima, pero entiendo que podemos estar lejos de esa solución.

Es posible que vivas un carrusel de emociones cambiantes de forma aleatoria, que saltan de positivas a negativas sin ninguna lógica. Estos subidones y bajones acaban con cualquiera.

Una buena gestión de las emociones propias y ajenas no solo sirve para solucionar conflictos, sino también para prevenir y evitar su aparición y minimizar su influencia en el clima laboral. Para ello conviene tener en cuenta una serie de recomendaciones:

- Dominar las emociones negativas y las reacciones vinculadas al miedo, la ira o el temor.
- Fomentar la aparición y reforzar las emociones positivas para la creación de un ambiente de seguridad y confianza.
- Manejar el propio leguaje de manera asertiva, evitando ofender si dejar por ello de manifestar nuestras opiniones.
- Practicar la tolerancia y la receptividad hacia otros puntos de vista.

Pero ¿en manos de quién se encuentra la aplicación de estas recomendaciones? ¿En las de nuestro jefe? Si es así tiene muy mala pinta, si por el contrario hay una supervisión de más alta jerarquía o de un responsable de gestión de personas, la situación podría ser reversible o al menos neutralizada.

Así que a mi juicio, y ante la evidente falta de una inteligencia emocional en el jefe tóxico, tanto en sí mismo como en los demás y en el ambiente, su perversión la transforma en un recurso para su propia supervivencia al eliminar sentimientos y liberar sus decisiones de todo rastro de culpa o remordimiento.

Porque el jefe tóxico es un triturador de emociones. La toxicidad es infecciosa y los cambios radicales sobre las emociones provocan cambios de estado de ánimo imposibles de asimilar, que se resumen en un proceso muy similar a este:

En la gestión emocional nuestro *Gran Jefe* es ante todo una persona incapaz de ejercer autocontrol, es el que manda y no tiene por qué ocultar sus emociones.

Da rienda suelta a toda emoción generada porque le hace sentirse importante y necesita trasladar al ambiente, y que este se adapte a su tono emocional. Si no lo consigue le genera emociones más negativas aún, como la ira o la rabia.

El Gran Jefe no tiene por qué ocultar sus emociones. Da rienda suelta a toda emoción porque le hace sentirse importante y necesita trasladar al ambiente, y que este se adapte a su tono emocional.

Necesita virar tu estado de ánimo hacia el suyo para evitar su frustración o compartirla contigo. Querrá dominar tu estado emocional, provocar humillación e inseguridad y despertar todos tus miedos, y entonces tendrás mucho trabajo de autogestión emocional por delante.

Dañar emociones es un riesgo, ya que la respuesta emocional de las personas suele ser impredecible. Lo que está claro es que con este daño conseguirá:

- Desmotivar a las personas, pues anula las emociones positivas.
- Inseguridad y temor, siempre a la espera de vivir una nueva emoción negativa.
- Desconfianza hacia el líder, al dejar de creer en él y no querer estar junto a él.
- Desconexión con la organización para evitar el daño emocional.
- Refugio y nuevas ilusiones fuera de esta organización.

Hace ya tiempo que Gema me contó su situación profesional. Estaba muy bien considerada en una gestoría, había buen ambiente y eran productivos hasta que cambió el jefe de área. Comenzaron los problemas, la presión y la toxicidad en todos sus niveles se fueron apoderando rápidamente de todos, en especial en ella porque se sentía humillada y perseguida.

Recurrió a manuales de autoayuda y consiguió que la situación le afectara cada vez menos, hasta que llegó a la conclusión de que tanto se había protegido de la situación que la que iba a trabajar era su cuerpo mientras su alma se quedaba en casa. Y a los pocos días se fue.

Muchas personas se ven reflejadas en Gema. Los efectos del daño emocional, si es continuado, son difícilmente reversibles.

HOY TE QUIERO, MAÑANA TE ODIO

Analizando actitudes y consecuencias del liderazgo tóxico nos damos cuenta de que nuestro jefe mantiene una lucha interna entre lo que hace y lo que debería hacer, entre lo correcto y lo necesario, entre *la* realidad y *su* realidad. A ratos es consciente de que sus prácticas no son éticas, pero su mente gira rápido hacia la autojustificación.

Estas subidas y bajadas, sumadas a la percepción de inutilidad de sus empleados y a su complejo de incomprensión, provocan estallidos emocionales muchas veces incontrolables.

Porque el jefe tóxico es un **acomplejado**, tiene miedo a mostrar debilidad y puede recurrir incluso a episodios de violencia; patadas a la puerta, golpes en la mesa, palabras malsonantes, gritos... a veces sin motivo, solo para que se sepa quién manda. Muestra su frustración y reafirma su poder, ya que nadie osará contestarle.

En cuanto baja el ritmo y detecta cierto relajamiento recurrirá de nuevo a la tensión como factor de empuje. No es algo constante, pero es cíclico y repetitivo.

EL TRASTORNO, EN SERIO

El **trastorno bipolar** es una enfermedad cerebral, así que debemos extremar el cuidado con la forma en la que denominamos los altibajos de comportamiento e incluso, con el juicio que hagamos de ellos.

Una definición clínica sobre el trastorno bipolar nos ayuda a centrar este análisis: *"Es una enfermedad cerebral en la que se produce una alteración de los mecanismos bioquímicos que regulan las emociones y el humor"*.

El que lo padece sufre cambios de estado de ánimo superiores a cualquier persona normal y, a priori, no es difícil de detectar. Estos cambios afectan al sueño, al nivel de energía y a la capacidad de pensar con claridad y, como podrás predecir, deriva en comportamientos similares a los que estamos analizando.

Sin llegar hasta el sentido patológico de la palabra, la **bipolaridad**, como solemos llamarla de forma coloquial, está presente en muchas personas, hasta dos de cada cien según algunos estudios, y la mayoría de ellas ni siquiera saben que lo padecen. Afecta seriamente a la salud de quien la padece y de las personas que la rodean, y precisa de ayuda médica o psicológica a través de fármacos y terapias.

Se manifiesta de diversas formas y no será difícil que las puedas identificar. La persona que sufre trastorno bipolar actúa de manera desinhibida e incontrolada, duerme poco y le falta descanso. También habla rápido, mezcla diferentes temas en una conversación y por supuesto pierde el contacto con la realidad, por lo que destila delirios de grandeza. Para terminar, alcanza su bienestar en los momentos de creatividad y en los subidones de autoestima. Con estos síntomas estamos cerrando el círculo.

Sobre los orígenes de la bipolaridad los expertos médicos coinciden en señalar la causa genética agudizada por una serie de motivos a los que también se suma la actividad física y mental:

- Mentes con alta exigencia de rendimiento propio y hacia los demás.
- Incertidumbre, imprevistos de forma continuada.
- Obsesionadas por el control de todo lo que ocurre en su entorno cercano.
- Personas excesivamente creativas.
- Fatiga, falta de cansancio mental, déficit de sueño.

Ahora entenderás por qué, más allá de la típica referencia a la bipolaridad del jefe, es tan importante conocerla para identificarla en un jefe tóxico. Los síntomas, por el momento, evidencian que no andamos muy lejos de vincular el trastorno bipolar con el liderazgo negativo.

El jefe bipolar tiene dos caras y suele tener cambios bruscos de personalidad, algo que he aprendido en mi vida profesional y que tú ya sabes. Esa actitud puede ser hasta comprensible; la presión desde arriba, los competidores, los clientes, los cambios del mercado, los resultados, pero otra cosa es que ese trastorno se convierta en el pan nuestro de cada día. Se comporta como *el Dr. Jekyll y Mr. Hyde*, con una peligrosa dualidad imposible de predecir incluso para él y de imprevisibles consecuencias.

Me comentaba Luis que su jefe no era bipolar, sino *tripolar*. *"Unos días te lleva fruta o te da una sorpresa el día de tu cumpleaños. Al día siguiente te pondrá a parir entre tus compañeros aprovechando tu ausencia. Al tercer día te hará culpable de cualquier cosa que haya ocurrido, aunque no tenga nada que ver contigo. Para que te sientas mal, inferior, para que veas tu puesto peligrar. Al cuarto volverá a empezar la ronda como si nada hubiera ocurrido".*

Por último los dictámenes psiquiátricos afirman que la falta de control emocional y la ausencia de empatía pueden degenerar en violencia. Y no lo he dicho yo.

El aire huele a veneno

Hay demasiada distancia entre el ideal de Covey y la realidad, y esta distancia repercute negativamente sobre el ambiente. Un ambiente que vamos complicando página a página.

La creación de un buen clima laboral es fundamental para garantizar que todo lo que ocurre dentro de una organización transcurra de forma natural y en buenas condiciones, donde el ambiente positivo genera un entorno propicio para que personas y equipos puedan desarrollar y aplicar todo su potencial. Suena genial, pero aquí el aire huele a veneno, y cuando huele, o abres las ventanas o habrá víctimas. Y si no hay ventanas la única posibilidad será escapar por la puerta de entrada.

Diversos estudios que seguramente no han leído los jefes tóxicos, como el de la consultora internacional de liderazgo y estrategia *Hay Group Insight*[35], analizan las consecuencias de la frustración laboral y, ente caso, concluye que el compromiso generado por un buen ambiente en el trabajo aumenta el rendimiento en un 30%. A eso nos referimos con obtener todo el potencial. Si supieran lo que están perdiendo.

EL GRAN HERMANO

Al jefe tóxico no se le puede escapar nada y no dudará en emplear los métodos necesarios para evitarlo. Entre sus cualidades está la supervisión excesiva y la obsesión de poder ser objeto de crítica. Cuanto más control, mejor.

Escuchas, chivatos, intervenciones del correo electrónico. Es tu jefe, tiene el poder, el operativo, el económico y ahora el de la información: estás en sus manos. ¿Cómo no iba a controlarlo todo? Es su empresa, son sus

---

35   Hay Group, *The Enemy Of Engagement*, 2011.

mesas, sus sillas, sus ordenadores: su pasta. Y si no lo son, las siente como suyas.

¿Cómo no iba a controlarlo todo? Es su empresa, son sus mesas, sus sillas, sus ordenadores: su pasta. Y si no lo son, las siente como suyas.

Vanesa trabaja en una empresa de distribución de cosméticos. A los pocos días de estar allí preguntó: *"¿Que hoy no viene el jefe?"*. De inmediato todos se giraron haciéndole gestos de silencio, señalando al techo. Se quedó pasmada *"¡Hay micrófonos!"*. No es el primer caso que conozco, intuyo que igual que tú. La invasión de la privacidad y el control de todo lo que se pueda controlar son algo más cotidiano de lo que parece, y han generado literatura, cine y programas de televisión.

Cuando George Orwell público su novela *1984* pronosticaba una sociedad donde el control absoluto del poder sometía a los hombres física y mentalmente.

A través de la vigilancia permanente y otros instrumentos de gestión del poder como la *Policía del Pensamiento* (que define la ética y las normas y reprime los postulados no oficiales), la *Neo Lengua* (que solo recoge lo que puede ser pensado, sustituyendo términos y expresiones que pudieran amenazar el seguimiento ciego hacia el Líder), el *Ministerio de la Verdad* (que controla la información), *El Gran Hermano* (quien posiblemente ni siquiera existe) se convierte en un poder absoluto, asfixiante y decadente.

Cuando los protagonistas de la novela deciden alistarse en la *Hermandad*, un reducto de militancia clandestina, descubren que esta es, en realidad, un instrumento más del poder para descubrir y controlar a sus súbditos más incontrolables. Hay infiltrados.

Muchos críticos y muchos empleados están de acuerdo en el paralelismo de la novela con el control en las organizaciones. En algunos casos el liderazgo tóxico crea una empresa *orwelliana*, donde todo está controlado y dirigido: desde la verdad, la información, la comunicación, el pensamiento y hasta la propia disidencia.

Cada vez ocurre con mayor frecuencia, bajo la necesidad de seguridad se instalan cámaras en el interior de las empresas y con ellas micrófonos ocultos. No introduciría este aspecto como recurso del Gran Jefe si no fuera porque he recibido muchos avisos en esta línea. Insisto en que no es habitual, posiblemente no demasiado extendido, pero no hablamos aquí de lo corriente, sino de lo extraño y a la vez real.

Es posible que en tu contrato esté indicado que existen cámaras en tu lugar de trabajo por criterios de seguridad, pero esas cámaras no pueden utilizarse para otro fin. Lo mismo ocurre con los ordenadores, los correos electrónicos y, como muchos insisten, con los móviles.

Los ordenadores registran toda la actividad y el uso que hacemos de ellos, y el acceso desde *administrador* son tan fáciles de rastrear, que su seguimiento se convierte en un juego de niños. Desde el *administrador* del dominio el control de los mails es tan fácil como redirigirlos a una cuenta para tener copia de todos los que salen y entran, sin que te des cuenta.

¿QUÉ ES LEGAL Y QUÉ NO LO ES?

La supervisión del trabajador es algo normal en cualquier empresa pero debemos conocer sus límites. Para poner un poco de luz recurrimos a la información de la propia ley de protección de datos[36].

En ella se define la **privacidad** laboral como el derecho de los empleados a mantener su dignidad e intimidad en su lugar de trabajo, sobre datos privados y su intimidad, evitando cualquier intromisión sobre estos.

Añade que el responsable de una empresa puede adoptar las medidas de vigilancia y control que estime necesarias para supervisar que los trabajadores cumplen con sus deberes y obligaciones. Y describe la **invasión de la intimidad** como toda acción que vulnera los derechos de privacidad de los empleados por parte del empleador.

Pero existen unos límites legales que debemos conocer. La **vídeo vigilancia** solo puede grabar las tareas imprescindibles para los criterios de evaluación y no se pueden utilizar para un fin distinto al previsto. Lo peor es que no requiere la solicitud de consentimiento expreso del empleado.

Sobre las **grabaciones de voz** la ley considera que son más invasivas, pero solamente deben ser permitidas si han sido autorizadas por la dirección de la empresa y se ha informado previamente a los empleados.

En cuanto a los **correos electrónicos,** la consulta de nuestros mails es un derecho del jefe, siempre autorizado por la dirección, para comprobar que se hace un uso adecuado de ellos. Aunque no queda demasiado claro el límite de su inspección, la ley recomienda informar a los empleados.

---

36   Ley Orgánica 3/2018 de 5 de diciembre de protección de datos personales y garantía de los derechos digitales.

Y en cuanto a las **conversaciones telefónicas** se pueden escuchar o grabar las conversaciones profesionales, pero no las privadas. La ley establece duras sanciones por invasión de la privacidad sobre estos u otros medios.

Lo cierto es que el control excesivo e innecesario es un freno más sobre el ambiente laboral y sobre la productividad. Se genera desconfianza porque nunca sabes el uso que se hará de esa información y si pudiera ser o no considerada como una falta de cumplimiento o del uso de los recursos de la empresa.

Se produce estrés, debido a la sensación de sentirse controlado, y aumenta la inseguridad laboral, puesto que es fácil pensar que ante cualquier descuido puedes recibir una sanción o ser despedido.

El problema ya no es la invasión de la intimidad o la protección de tu privacidad en estos casos, que podría ser hasta discutible, pero no es exactamente de lo que estamos tratando. Va más allá, y trata de la necesidad de controlarlo todo y del daño mental que debe producir manejar toda esta información en una mente obsesiva.

El jefe guardará la información y no hará una afirmación pública de que la posee, pues le dejaría en muy mal lugar frente a los demás, y tampoco puede reaccionar a cada información que descubra. ¿Os podéis imaginar lo duro que debe ser conocer algunas cosas y no poder utilizarlas de forma directa?

Lo mejor que podemos hacer es conocer los límites y no sobrepasarlos, teniendo máximo cuidado en lo que decimos y a través de qué medio lo hacemos. Al fin y al cabo nosotros hemos de asumir nuestra propia responsabilidad personal y profesional.

PERO ¿DE QUÉ INFORMACIÓN HABLAMOS?

Partimos de una realidad y es que, salvo que estés en una empresa modélica y con un jefe ideal, el sentir de la mayoría de personas que trabajan se resume en tres argumentos:

Trabajo mucho y me pagan poco.	Mi jefe no es justo conmigo, estoy infravalorado.	No rechazaría una oferta de trabajo mejor.

Son tres reflexiones habituales entre la mayoría de trabajadores, incluso entre aquellos que mantienen relativa estabilidad en su empresa.

El primero de ellos responde a que casi nunca tenemos suficiente y siempre nos fijamos en las personas de nuestro entorno que más cobran o menos trabajan. Pero no nos asustemos, no es un problema serio ni nada extraño, es una meta aspiracional totalmente lícita y natural. La respuesta que dio el jefe a Rudi está clarísima: "Si quieres más, trabaja más", y arreglado. No hay que darle muchas más vueltas.

En segundo lugar está la injusticia percibida, algo que se analiza profundamente en los estudios de clima laboral que cada cierto tiempo realizan algunas empresas, no muchas realmente. Es también una respuesta humana porque tendemos a pensar que valemos más de lo que nos dejan demostrar o simplemente estamos desarrollando unas funciones en las que no podemos desarrollar todo nuestro potencial. Bastaría con pequeños gestos de reconocimiento público o privado, tan escasos de encontrar.

El tercero de los argumentos, cambiar a un trabajo mejor, es más delicado pero algo lógico si vives de forma continuada en los dos supuestos anteriores. Si el jefe se entera, le generarás desconfianza y la cosa puede empeorar. En una situación normal podrías hablarlo con él, pero en un ambiente tóxico mejor es que tengas extremo cuidado porque podría despertar en tu jefe un sentimiento de traición y una coacción para que termines abandonando.

Si estos tres argumentos son naturales en la mayoría de personas, imagina cómo son bajo un jefe tóxico.

SE ACABARON LAS TONTERÍAS

El jefe tóxico no quiere un ambiente laboral relajado, no soporta la normalidad y repudia la felicidad en el trabajo. Detesta ver que las personas se van al final de su jornada.

Juan Carlos, responsable de equipo de ventas de telefonía, me decía con cierta amargura *"¿Cómo es posible que lo dejen todo a medias? Se van sin acabar las tareas, me dejan solo. Es doloroso, es insoportable, me están engañando y se están aprovechando de mí. Ya está bien de ser el protector, a partir de ahora tengo que ser más duro porque si no se me van a comer; al final el que pierde soy yo. A partir de ahora se han acabado las tonterías en esta empresa".*

La verdad, no supe qué responderle, no era el momento. Ahora solamente espero que lea este libro para comprender muchas cosas y dejar de decir esa frase que tantas y tantas veces he oído. Es la frase del mes, de cada mes en tantos centros de trabajo.

El jefe tóxico se pone a cien hasta en la hora del almuerzo, sobre todo si van de dos en dos. Es esa obsesión de que hablan mal de él o se dedican a criticar sus decisiones. Pues claro que lo hacen ¡es normal! Es lo que se llama la comunicación informal, existe y nadie puede acabar con ella. Es una forma que las personas se desahoguen y espiren desde dentro la presión. Y si encima tienen motivos reales de crítica lo multiplicarán por diez, ¿o no?

Entiendo perfectamente el origen de esta y de muchas de sus actitudes negativas y las que quedan por analizar. Evidentemente no las comparto, pero estoy haciendo un esfuerzo para ser empático y comprensivo y así poder sacar conclusiones de todo esto.

Sabemos ya que el jefe es por definición un incomprendido y muchos tienen motivos para sentirse así. Pero si esta actitud se mantiene, si no se escapa de este círculo vicioso, se transforma en una actitud infantil y acomplejada.

Sabemos ya que el jefe es por definición un incomprendido y muchos tienen motivos para sentirse así. Pero si esta actitud se mantiene, si no se escapa de este círculo vicioso, se transforma en una actitud infantil y acomplejada.

Esta sensación refleja una evidente falta de madurez al no asumir su circunstancia como algo natural, y una enorme falta de empatía con las personas a las que dirige; una preocupante debilidad para asumir determinadas situaciones que afectan al ambiente del equipo y a su normal funcionamiento, y por lo tanto a su rendimiento.

UN POQUITO DE FLEXIBILIDAD

Las tonterías que ha finiquitado o está a punto de hacerlo el jefe tóxico seguramente no son tales o no lo son todas. Pueden no figurar en el estatuto de los trabajadores o en los derechos y deberes adjuntados a su contrato en el *wellcome pack*, pero forman parte de algo muy importante en el ambiente y en la satisfacción laboral: la **flexibilidad**.

La flexibilidad en el trabajo consiste en aplicar criterios que beneficien la libertad de los trabajadores ante determinadas cuestiones que hasta hace unos años se consideraban innegociables y que afectan sobre todo a la presencia física en el lugar de trabajo y al estricto cumplimiento de los horarios.

Es verdad que hay trabajos más susceptibles a la flexibilidad que otros, pero también lo es que todos mantienen un cierto margen en su aplicación.

En primer lugar la flexibilidad no está diseñada para trabajar menos, ya que se debe orientar en tres vías:

1. **Compensación** de momentos de dedicación superior al horario habitual, como algunos días concretos, ferias, viajes, épocas de alto ritmo de trabajo, etc.
2. **Cesión de libertad** a los trabajadores más responsables o comprometidos.
3. **Motivación** con el fin de aumentar la productividad.

La flexibilidad actúa pues en las personas como un amortiguador de la presión creando un ambiente laboral positivo y algo tan importante como el reconocimiento y un extra de motivación al permitirnos, por ejemplo, conciliar la vida laboral con la personal o familiar.

Por el contrario, su ausencia nos produce un descenso en la motivación y la productividad, una dramática disminución en los niveles de compromiso y termina provocando la fuga del talento.

Es decir; la flexibilidad no es un privilegio, sino una herramienta de compensación y confianza, o como estrategia de motivación y de retención de su talento.

NO ES TAN COMPLICADO

Crear un clima laboral positivo no conlleva demasiados esfuerzos económicos ni estructurales para una organización. Hay recursos aparentemente tan sencillos de aplicar como:

- Fomentar el **respeto y la tolerancia**, sobre todo durante las reuniones y en el trabajo en equipo, como parte de la cultura organizativa y sus valores.
- Trasladar una **mentalidad interna colaborativa** y no competitiva, que genere sinergias y evite individualismos, egoísmos, traiciones y rivalidades.
- Crear canales de **comunicación** abiertos y participativos, tanto en el plano personal como colectivo.
- Practicar la **escucha**, la humildad, el reconocimiento de errores y la aceptación de sugerencias de cambio y mejora.
- **Transparencia** con la información y las decisiones, evitando la aparición de rumores y malas interpretaciones.

- Prevenir las situaciones de **crisis** y gestionarlas de forma adecuada cuando aparecen, evitando contextos de reproche o pánico que socaven la estabilidad del colectivo.
- Un **espacio físico agradable**, cómodo y ergonómico, con iluminación adecuada, ausencia de ruidos molestos, etc. No se trata de crear un espacio *relax*, pero sí de evitar cualquier tipo de incomodidad que dificulte el ejercicio de la tarea.
- Un **liderazgo efectivo** centrado en sacar lo mejor de las personas, que sirva de ejemplo y ayuda, y ponga en valor todo lo anteriormente mencionado y mucho más que podríamos enumerar.

Supongo que estamos de acuerdo en que el buen ambiente laboral actúa al mismo tiempo como acelerador y motor de la motivación, tanto de forma individual como colectiva. Hasta aquí la teoría pero, como sigo insistiendo, no estamos en una empresa o colectivo modelo.

Entre los objetivos del jefe tóxico no se encuentra el de crear una empresa cómoda ni nada que la asemeje a una organización ideal, porque no cree en ella ni es necesaria para él. Su egocentrismo, su alta consideración de sí mismo, está muy por encima de una actitud paternalista y protectora.

Entre los objetivos del jefe tóxico no se encuentra el de crear una empresa cómoda ni nada que la asemeje a la organización ideal, porque no cree en ella ni es necesaria para él.

Tendrá momentos de lucidez, realizará unos días alguna buena acción, a veces sorpresivas, buscando reacciones puntuales, pero terminará concluyendo que en realidad son un síntoma de debilidad y una pérdida de tiempo.

Me comentó Miriam que en su fábrica de muebles nunca se había puesto música ambiental, algo que extrañaba a los que entraban nuevos pues era perfectamente compatible con la tarea. Un día el jefe compró un precioso altavoz *Bluetooth* ante el asombro de la gente, y dijo *"podéis enchufarlo"*, tras lo cual se encerró en el despacho.

Las personas de aquella sala pensaron que el jefe había cambiado, pero no se fiaban. Al cabo de un rato salió de su refugio y se enfadó porque nadie lo había conectado, así que lo hizo él. En menos de diez minutos llamó a un compañero a su despacho, y los golpes y gritos se oían a pesar de la música: *"Ya sabíamos para qué servía"*. La música no amansa a todas las fieras.

Los entornos tóxicos se caracterizan por mantenerse en alta tensión, sometidos a los vaivenes en las prioridades en las acciones y la generación de un ambiente de desconfianza en dos niveles: vertical y horizontal.

En el nivel **vertical** las relaciones con el jefe y las jerarquías superiores a él, si las hubiere, se atascan dificultando el tránsito de información de abajo hacia arriba, y viceversa, produciéndose un alejamiento de intereses y de la propia realidad. En el **horizontal** se cortan los lazos de comunicación formal e informal, se crea una coyuntura de desconfianza e individualismo y se daña el potencial del grupo frente al del individuo.

LAS TONTERÍAS

Así que estas tonterías, algunas verdaderamente ridículas, definen la pequeñez de la visión del jefe, su infantil respuesta a nimiedades cotidianas y el valor que le da a las cosas realmente importantes.

En las empresas más pequeñas o culturalmente más flexibles, salvo que estén obligadas a implantar algunas de las mencionadas a continuación, estas tonterías son, entre otras:

- La hora del café o del almuerzo en aquellas que no dispongan de un horario especificado para ello. *¿Otra vez en grupitos?*
- Cafetera en el lugar de trabajo o una nevera con bebidas. *¡Esto no es un bar!*
- Espacio para comer y así evitar desplazamientos o gastos adicionales. *¡Esto no es un restaurante!*
- Días libres extra, en compensación por excesos de dedicación o por cumplimiento de objetivos. *¡Pues haberlo hecho a tiempo!*
- Llevar a los niños al colegio y llegar unos minutos más tarde, algo tan habitual frente a lo que poco pueden hacer para evitarlo tantas personas cada mañana. *¡Esto no es una guardería!*
- Elegir período de vacaciones. Aunque no siempre es fácil contentar a todos, sí se pueden establecer criterios participativos. *Como no os vais a poner de acuerdo lo decido yo y punto.*
- Trabajar algún día desde casa, por enfermedad o condiciones climáticas peligrosas. *¡Ja, y que te acostumbres!*
- Disponer de una zona de descanso, aunque esto ya es de nota.

¿De verdad piensan que suprimir estos *privilegios* va a mejorar la productividad en la empresa y las personas estarán más comprometidas?

No se trata de disfrutar en el trabajo, se trata de disfrutar trabajando, pero esto para el jefe tóxico tiene otra valoración *"me están tomando el pelo"*, y el talento, claro, se escandaliza y huye.

No se trata de disfrutar en el trabajo, se trata de disfrutar trabajando, pero esto para el jefe tóxico tiene otra valoración "me están tomando el pelo", y el talento se escandaliza y huye, claro.

LA TOXICIDAD PUEDE ESTAR EN LA MESA DE AL LADO

La toxicidad no es exclusiva del jefe, desde luego. Puede venir de nuestros propios compañeros de trabajo, y cuando esto ocurre nos encontramos en situaciones similares a las descritas bajo un liderazgo negativo, con notables diferencias.

Dependiendo de la capacidad de nuestro jefe para identificar la realidad y las fuentes que interceden en el ambiente laboral, será más o menos fácil detectar a los empleados tóxicos. Si no interviene a tiempo, esta toxicidad acabará contagiando a las personas y a las relaciones del equipo.

Una gran curiosidad despertó en mí Alejandro al decirme no hace mucho: *"al principio pensaba que mi jefe era tóxico, con el tiempo pensé que los tóxicos eran mis compañeros. Al final yo también terminé siendo tóxico y ya me fue imposible saber quién contagió a quién"*. Revelador y descriptivo.

Los hay que **no paran de quejarse**, que si faltan recursos, que si no tienen tiempo, que no hay información, se rinden antes de hora, son incapaces de pensar en positivo, de superar obstáculos o de asumir su propia responsabilidad. Para ellos los problemas, pequeños o grandes, nunca tienen solución.

Otros se **comparan con los demás** todo el tiempo, la envidia les hace desear todo lo que no tienen o no son: salario, responsabilidad, autoridad o reconocimiento. Creen que los demás están en su contra y adoptan un rol **victimista**.

Algunos **no informan**, utilizando el poder que otorga la posesión de información para intereses personales. También los hay que tienen **nulo control verbal**, no miden lo que dicen y dicen todo lo que piensan; es un concepto equivocado de la asertividad que provoca daños y enfrentamientos. Y los que no admiten consejos, son cabezones y tienden al **individualismo**.

Sin olvidar a los que **faltan a su responsabilidad,** delegando en exceso sus funciones. No toman decisiones en su trabajo dejando que las cosas se solucionen solas, lo que paraliza acciones y a las personas implicadas. **No ayudan** a los demás, no enseñan y utilizan toda su experiencia y conocimiento para sí mismos, dejando a sus compañeros en evidencia ante determinadas situaciones.

Cuando en una empresa existe un ambiente así son las personas quienes pueden convertir a un líder efectivo en un jefe tóxico, impregnando el entorno de tensión, esta vez sí, ante la falta de productividad y las actitudes que pueden poner en peligro la estabilidad de la organización.

Pero ojo, no es excusa. La toxicidad de nuestros compañeros puede ser por infección de la actitud del jefe o por su propia actitud. La misión del líder es detectar y neutralizar a estos empleados y no contagiarse de ellos ni extrapolar al resto sus comportamientos individuales.

La toxicidad de nuestros compañeros puede ser por infección de la actitud del jefe o por su propia actitud. La misión del líder es detectar y neutralizar a estos empleados y no contagiarse de ellos.

Alta tensión

Una cosa es ser una persona capaz, con una elevada predisposición al trabajo, proactiva y con un alto nivel de autoexigencia, y otra que estas cualidades sean las más deseables en una empresa en la que lo habitual es la presión.

Si eres una persona con estas características, coincides con el perfil del empleado ideal para el jefe tóxico, pero difícilmente le aguantarás el ritmo mucho tiempo. Eres susceptible de padecer estrés, y esto no es ninguna tontería, porque el estrés es una enfermedad, es el principal motivo de baja laboral y provoca muchas enfermedades derivadas de él.

Conozco a más de una persona que necesita una sesión de yoga o de relajación antes de llegar a casa porque si no rebaja el nivel de tensión lo acaba pagando con su familia.

A PUNTO DE ESTALLAR

Alta tensión, se respira, se siente, quema. Velocidad, desconfianza, exigencia. Estos son los principales ingredientes de una empresa con alta tensión son:

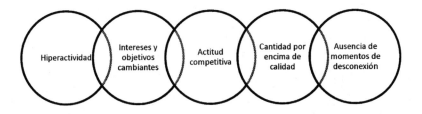

La **hiperactividad** viene provocada porque siempre algo nuevo que hacer, siempre algo no previsto. Muchas veces se genera por la dinámica del equipo y se convierte en acción real y necesaria, pero si se impone de forma injustificada y continuada, simplemente porque el jefe necesita elevar la tensión, es una actividad tóxica.

Cuando se pretende abarcar demasiado superamos la capacidad operativa y de gestión del equipo. Puede ser por necesidad, por picos de trabajo estacionales o por una falta de criterio a la hora de acometer proyectos, pero en todo caso no es una decisión que vaya a ayudar a trabajar sin el daño colateral de un estrés negativo.

Si estamos ante **intereses y objetivos cambiantes**, si manda el entorno y sus circunstancias por encima de la propia empresa, la organización va a rebufo de la actualidad, y esta situación genera estrés y descoordinación. Los objetivos a corto plazo prevalecen sobre la estrategia a largo plazo y se termina perdiendo el norte.

Por su parte la excesiva **competitividad** frente a otras empresas es una actitud reactiva que provoca tensión interna y evidencia una falta de iniciativa ante el mercado.

Por último la **cantidad por encima de la calidad** termina trastornando el ambiente. Si no existen momentos de descanso y reflexión, la locura queda instalada entre nosotros.

Todas estas situaciones conllevan una exigencia de alto rendimiento permanente que imposibilita momentos de *relax*, no necesariamente de descanso, sino de planificación, análisis y reflexión.

ESTRÉS BUENO Y ESTRÉS MALO

El estrés tiene su lado positivo porque nos genera actividad, una chispa de concentración y aumenta nuestra capacidad de reacción. El estrés bueno, también llamado *eustrés*, nos aumenta la creatividad, nos dispone para una adecuada respuesta física y amplifica nuestra sociabilidad.

El problema llega cuando el estrés, aunque sea del bueno, permanece demasiado en el tiempo, porque se transforma en *distrés* o estrés malo.

Frente al estrés solemos reaccionar con un proceso similar a este:

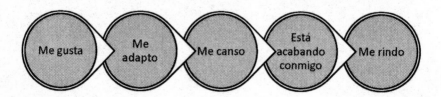

Al principio **te gusta,** te mantiene en actividad, saca lo mejor de ti, te sorprende tu propia dinámica y te sientes útil y eficiente.

Después te adaptas, se ha convertido en algo rutinario y lo terminas por asumir; es lo que hay y no va a ser fácil de cambiar.

A medida que avanza el tiempo **te cansas,** comienza a hacer mella física, la fatiga se transforma en un menor rendimiento y comienza a influir en tu predisposición al ocio y a las relaciones sociales y familiares.

Entonces comienzas a darte cuenta de su efecto negativo y llegas a la conclusión que te **está perjudicando,** que esto no es vida, que el trabajo no es lo primero… y comienza el bloqueo mental.

Al final, si puedes, **decides dejarlo** y abandonar la actividad porque si no lo haces acabará contigo y con muchas cosas más a las que le das valor. **Te rindes** y necesitas huir de él.

Pero no todos tienen la posibilidad de abandonar. Si este es tu caso, y no puedes permitirte renunciar, tendrás dos posibilidades; o te acomodas a él e intentas que no te afecte, o asumes que ya formas parte de una empresa tóxica y que tu estrés puede llegar a convertirte en una persona próxima a la toxicidad. Tuya es la decisión.

Ante el estrés o te acomodas a él e intentas que no te afecte, o asumes que ya formas parte de una empresa tóxica y que tu estrés puede llegar a convertirte en una persona próxima a la toxicidad. Tuya es la decisión.

Porque no escuchamos, las señales llegan por varios frentes y no hacemos caso. Unas veces porque no las oímos, otras porque pensamos que no son para nosotros, y otras porque preferimos no hacerles frente por el momento. Pero las campanas están sonando sin cesar.

Una de las sorpresas editoriales de los últimos años ha sido sin duda *La sociedad del cansancio*[37], del curioso Byung-Chul Han, filósofo alemán de origen coreano.

En él habla del **exceso de positividad e hiperactividad** como una actitud que provoca enfermedades neuronales como la depresión, el trastorno por déficit de atención (TDAH), el trastorno límite de la personalidad (TLP), el síndrome de desgaste ocupacional (SDO) o el mismo suicidio.

---

37   *La sociedad del cansancio.* Byung-Chul Han (Editorial Herder, 2012).

Nos habla de la obsesión por la búsqueda de una mayor productividad que sustituye la disciplina por el rendimiento, el *hacer* por el *poder hacer*. Y critica la sociedad del trabajo porque se enfrenta a los principios biológicos, creando un lugar donde el *amo* se ha convertido en *esclavo* del trabajo explotándose a sí mismo, donde es a la vez prisionero y celador, víctima y verdugo.

En definitiva nos alerta sobre nuestro ritmo de vida, el estrés laboral y la obsesión por el trabajo contra nuestra propia naturaleza. Y esto va tanto por el jefe como por todos los demás, porque es una cuestión de actitud ante la vida.

NO COME, NO DUERME, NO PARA

Es una costumbre. Le encanta llamarte cinco minutos antes de la hora de fin de jornada para pedirte algo, un dato o un informe que sabe que no tienes acabado y que posiblemente no sea importante ni necesario para ese momento. Podía haberlo solicitado antes o al día siguiente, pero lo ha hecho con premeditación y alevosía.

No es nada nuevo, el jefe tóxico y la gestión del tiempo son incompatibles. Su tiempo es limitado pero ocupa las 24 horas y no entiende que los demás no lo compartan de la misma forma.

No tiene un horario lógico por lo que intentará mantener la tensión también fuera del horario laboral. Si él no tiene tiempo de desconexión, tú tampoco.

No tiene un horario lógico por lo que intentará mantener la tensión también fuera del horario laboral. Si él no tiene tiempo de desconexión, tú tampoco.

Me parece muy bien que el jefe dedique todo el tiempo del mundo a su empresa porque es suya, porque tiene un espíritu servil exagerado o porque no tiene vida personal; es lícito, está en su derecho. Muchos lo hacemos de forma natural y no tiene por qué ser negativo (aunque esto lo podríamos discutir), pero el jefe tóxico necesita presionar y molestar con ello y lo hace con intenciones:

- Hacerte saber que él es el que más trabaja, porque eso nadie lo puede poner en duda.
- Educarte en lo imprevisible para mantenerte alerta y en tensión.

- Evaluar cómo respondes y juzgarte por ello.
- Tenerte sometido, y que seas incapaz de negarte, porque aquí manda él.

PURA ADICCIÓN

Conocemos los principios esenciales de la **gestión del tiempo**, habilidad directiva por cierto con un efecto importante tanto sobre uno mismo como sobre los demás. La gestión del tiempo sirve para mejorar nuestra eficacia, nos ayuda a trabajar de forma coordinada, a mejorar la productividad y además reduce el estrés.

Pero no hay que quedarse en lo superficial. **Trabajar más tiempo no es gestionarlo mejor** ni implica necesariamente mayor productividad. Seguramente ya lo habrás escuchado y es uno de los principales síntomas de un jefe tóxico: la sensación de gran capacidad de trabajo y una total dedicación. El jefe no duerme, el jefe no come, el jefe siempre está en modo *On*. ¡Peligro!, alta probabilidad de adicción al trabajo.

El jefe no duerme, el jefe no come, el jefe siempre está en modo On. ¡Peligro!, alta probabilidad de adicción al trabajo.

Trabajar en exceso sin necesidad es contraproducente para tu salud y para la salud de los demás. Porque el jefe tóxico es con alta probabilidad un *workaholic*[38], un adicto al trabajo, y necesita que tú también lo seas.

La Dra. Vanesa Fernández López, psicóloga especialista en el campo de las emociones, aporta una serie de claves para detectar una persona adicta al trabajo:

- Tendencias compulsivas, trabajan intensamente y tienen dificultades para relajarse.
- Necesidad de tener el control excesivo y malestar persistente cuando no obtiene el rendimiento esperado, no controla la situación o las cosas no son como él esperaba.

---

38   Término creado en 1968 y popularizado en 1971 por el psicólogo estadounidense Wayne Oates.

- Escasas relaciones interpersonales con el resto de los compañeros, incapacidad para delegar tareas y trabajar en equipo.
- Autovaloración centrada en el trabajo y no en el resto de su vida. Se puntúan según les ha ido su jornada laboral y por los éxitos o fracasos alcanzados en su empleo.

Javier consiguió superar un proceso de tensión provocado por la presión de su jefe. Desde que entró a trabajar en la empresa, poco a poco, iba recibiendo primero consultas y luego peticiones a deshoras, casi siempre antes de cenar. Pasó el tiempo y se convirtió en algo habitual, también después de la cena.

Al principio respondía a esas peticiones porque pensaba que era parte de su adaptación a la empresa y quería demostrar al jefe que era una persona disponible y atenta. Con el tiempo comenzó a llevarse el portátil a casa, pero aquello se convirtió en algo tan habitual que empezó a afectar a su descanso y a su relación de pareja. Le pesaba la sensación de que nunca desconectaba hasta que decidió cortar, no responder llamadas ni mensajes y apagar el teléfono a salir del trabajo.

Su jefe nunca le dijo nada, dejó de presionarle, pero fue perdiendo sus favores hasta tener la sensación de que ya no era útil para él. Cuando Javier comprendió el tipo de jefe que tenía, decidió quedarse en casa poniendo por delante la calidad de vida al salario percibido. Y doy fe que así ocurrió.

LO DISFRUTAS O LO SUFRES

Para Javier y para cualquier persona el tiempo y su gestión tienen diferentes percepciones dependiendo de muchas variables:

- **Las emociones**, el estado de ánimo previo o el creado durante la tarea.
- **Los hábitos**, las normas no escritas, la cultura de la empresa o las limitaciones sociales de cada uno.
- **El reloj biológico**, porque el rendimiento depende de la hora del día y del momento y no todos tenemos el mismo ritmo, por lo que a veces el trabajo coordinado se ve afectado.
- **La personalidad**, la forma de valorar la dedicación al trabajo, la implicación y otras variables de carácter personal, como la familia o el ocio.

Raras veces estas variables son coincidentes entre jefes y subordinados, por mentalidad y por responsabilidad, lo que crea un abismo entre ambos ante determinadas situaciones.

Cada uno tenemos la sensación de que **el tiempo transcurre rápido** cuando nos gusta lo que hacemos o estamos motivados, hacemos algo novedoso o estamos concentrados. Y por otro lado, **transcurre lento** cuando lo pasamos mal, estamos cansados, trabajamos bajo presión, nos rodea la incertidumbre o tenemos miedo.

Para el jefe tóxico el tiempo pasa volando, se le escurre entre las manos, nunca es suficiente. Es un hiperactivo, y cada minuto que pasa es evaluado como perdido o como invertido. Para los demás el tiempo pasa despacio, muy despacio.

Alguien debería explicarle que manejar bien el tiempo no es trabajar deprisa, que la forma de resolver problemas no es trabajando más horas, que hay que ser reflexivo, estratégico y planificar de forma adecuada, y que si no retienes el talento vas a perder mucha rentabilidad por el tiempo de adaptación de las nuevas personas que se van incorporando.

Alguien debería explicarle que manejar bien el tiempo no es trabajar deprisa, que la forma de resolver problemas no es trabajando más horas, que hay que ser reflexivo, estratégico y planificar de forma adecuada.

El tiempo se convierte pues en una de las variables de la empresa más directamente relacionadas con la productividad. De su correcta gestión dependerá pues gran parte del éxito o el fracaso en el cumplimiento de los objetivos.

Precisamente por la importancia de esta variable, esta habilidad social y directiva que supone gestionar el tiempo, el liderazgo tóxico obtiene justo el resultado inverso al ideal, porque las claves de la gestión negativa del tiempo quedan garantizadas en la empresa debido a una serie de razones:

- Ausencia de objetivos claros y predominio de escenarios cambiantes. No hay control ni seguimiento del medio plazo, solo importa el corto plazo.
- Lo importante no siempre es lo prioritario, prima la improvisación frente a la eficacia.
- Escasa motivación de las personas por pérdida de interés en la tarea debido a la escasa efectividad del tiempo dedicado.
- Incumplimiento de normas o falta de claridad en ellas por diferentes criterios en su aplicación.

- Diferencias de presión hacia unos u otros, creando injusticia percibida en el equipo.
- Las reuniones empeoran la situación en vez de mejorarla.

No me digas que nada de esto ocurre en tu trabajo; es el día a día, es la cruda realidad.

NIÉGATE SI PUEDES

Otra de las claves de la gestión del tiempo es **saber decir que no** a determinadas peticiones que o bien por falta de información o bien por que no nos corresponden, o no somos capaces de llevar a cabo con garantía de buenos resultados. Pero ¿quién se atreve a decir no a un jefe tóxico?

Belén en este punto me comentó sentirse una privilegiada. Le avisaron nada más incorporarse a una empresa tecnológica qué tipo de jefe iba a tener y decidió poner límites desde el primer día negándose a determinadas tareas imprevistas fuera de su horario. Consiguió marcar el terreno y mientras los demás sufrían episodios de estrés por exceso de trabajo, ella funciona a ritmo normal sin mayores problemas. Era envidiada pero siempre decía a sus compañeros: *"Yo dije que no, ¿lo dijiste tú?"*. Hoy ella sigue en la empresa mientras otros vienen y van.

La negativa a una orden o instrucción de un jefe es un asunto complejo. El propio Estatuto de los Trabajadores establece en sus primeros capítulos de forma literal que el empleado debe seguir las instrucciones marcadas por su superior.

Pero también establece que el empleado puede ejercer su derecho *"ius resistentiae"* para negarse a acatar determinadas órdenes como por ejemplo cuando vea su integridad física comprometida. Pero más allá de esta situación concreta el poder del jefe tiene unos límites, como en casos abusivos o vejatorios, instrucciones que vulneren la legalidad o la falta de respeto a la dignidad del trabajador.

Si otras acciones no funcionan, como defender tus derechos de forma dialogante o hacer entrar en razón cuestionando determinadas órdenes, afirmaciones o acciones, siempre te quedará el amparo legal.

Tu situación posiblemente no mejore mucho, pero al menos salvarás algo que debe ser sagrado para ti y que se encuentra en grave peligro bajo un jefe tóxico: tu dignidad. Sin ella la pérdida de autoestima irá minando tu estado anímico en el trabajo, lo que puede derivar, si se mantiene de forma continuada, en angustia vital, estrés y con el tiempo la depresión.

A ti te corresponde decidir cómo reaccionar en estos casos y asumir las consecuencias de hacerlo o no hacerlo.

CONTROLAR EL ESTRÉS

El estrés en la empresa tóxica forma parte de la rutina, por lo que si tu jefe es un adicto al trabajo más vale que pongas a prueba tu autodominio con las recomendaciones habituales para prevenir su aparición.

La primera de ellas es solicitar **información** completa y detallada de los trabajos que te asignen. El desconocimiento se traduce en una sensación de incertidumbre y de amenaza ante nuestra actividad.

Además, debes asegurarte de que las tareas que te asignen sean **compatibles** con tu capacidad y los recursos que tengas disponibles, y pregunta para qué sirve o cuál es su objetivo. Evita fracasos previsibles y elimina la tensión que genera saber que no vas a poder realizarlo de forma adecuada.

Intenta controlar y **dosificar la carga de tareas**, porque tanto un exceso como la baja actividad pueden convertirse en fuentes de estrés. Y adivino que lo tuyo no es falta de trabajo.

Asimismo **planifica y solicita el tiempo** necesario para realizar la tarea de forma adecuada y satisfactoria, evitando prisas y plazos de entrega ajustados. Aprende a establecer **pausas y descansos** en las tareas especialmente arduas, físicas o mentales y a organizar tu tiempo según los momentos de máxima actividad o los de bajo rendimiento.

Y no dejes de **pedir ayuda y opinión** a las personas capacitadas con las que tengas mayor afinidad y confianza, pero hazlo discretamente no vaya a ser que se entere tu jefe.

Parece sencillo pero aun así no te va ser fácil sobrevivir relajado en un ambiente tóxico porque está creado justo con la intención contraria. Te presionará sin descanso de forma continuada, siempre habrá una tarea o un motivo para elevar el ritmo y aumentar tu dedicación.

> *Te presionará sin descanso de forma continuada, siempre habrá una tarea o un motivo para elevar el ritmo y aumentar tu dedicación.*

Para controlar el estrés, la psicología nos aconseja ante todo paciencia y voluntad de cambio ante este tipo de situaciones, y nos propone de forma genérica estas seis formas sencillas para controlar el estrés y minimizar su daño físico y psicológico:

1. **Domina tu ira.** No malgastes energías o pensamientos que saquen de ti una tensión innecesaria porque casi nunca merece la pena.

2. **Controla la respiración.** Ante la próxima situación estresante respira hondo tres veces y expulsa lentamente el aire. Esta sencilla acción hace milagros ya que oxigena la sangre y por lo tanto reduce el ritmo cardíaco.

3. **Las cosas, con calma.** Piensa despacio, dale tiempo a tu cerebro a coordinar y analizar lo que vas a decir o hacer, y a encontrar la forma más adecuada. Son momentos peligrosos como para dejarse llevar por impulsos.

4. Rompe la dinámica con **una tarea pendiente sencilla.** Corta momentáneamente lo que estés haciendo y levántate, date una vuelta, respira aire libre, haz una llamada, una tarea sencilla. Si te dejan, claro.

5. **Evita pasar hambre y sed**, bebe líquidos, agua mejor, de forma y toma pequeños bocados. El hambre y la deshidratación pueden provocar agresividad y ansiedad, y solo nos faltaba eso.

6. Deja **algo gratificante para el final de un día** estresante como un paseo por el centro, queda con un amigo, habla de lo que sea con tu pareja pero evita que sea de trabajo, haz de espectador en una película o anímate a leer un buen libro. Esto nadie te lo puede impedir.

Aun así no será fácil. Si el estrés no es algo puntual, sino que forma parte de la cultura de la empresa y además es el jefe quien lo provoca de manera artificial parece complicado mantenerlo bajo control durante mucho tiempo.

Más mentiras que verdades

Las personas mienten para quedar bien, para excusarse, obtener algo a cambio, para mantener derechos o privilegios, dar una mejor imagen frente a la que daría la verdad, no herir a alguien o evitar un castigo. Mienten para eludir responsabilidades, pero con la mentira se genera una irresponsabilidad aún mayor.

La soberbia del jefe tóxico le lleva a creerse en posesión de la verdad. Al no tolerar la discrepancia ni el cuestionamiento de lo que hace o dice, el espacio entre la verdad y la mentira es solo de un pequeño paso y una nueva justificación para limpiar su conciencia de su propia mentira: *"lo hago por el bien de la empresa"*.

Utiliza el engaño para hacerte ver que todo lo controla, que sabe más que tú. A falta de una verdad, buena es una mentira. Y una mentira se tapa con otra mentira.

A falta de una verdad, buena es una mentira. Y una mentira se tapa con otra mentira.

LAS GRANDES MENTIRAS

Las mentiras del jefe son de muy diversa índole. El ingenioso Scott Adams[39], autor de *El principio de Dilbert*, expone en este entretenido libro

---

39   Scott Adams (Nueva York, USA). Dibujante, autor de *El principio de Dilbert* (Ed. Planeta, 2011).

un capítulo completo denominado "*Las grandes mentiras de la dirección*", que expongo y comento a continuación:

- *Los empleados son nuestro bien más preciado.* Y queda muy bien, pero es una gran mentira porque el bien más preciado es él. Los *demás* son meros engranajes de su maquinaria.

- *Somos una gran familia.* En todo caso una familia con sus conflictos, envidias, desencuentros y rivalidades, donde se aniquilan los valores de gratitud, sinceridad, gratitud o las relaciones entre iguales. Y él, El Padrino.

- *Me importa tu desarrollo profesional.* Quizá algún día, quizá en algún momento, pero la realidad es que no hay tiempo para desarrollarte, sino para que aprendas rápido y rindas al máximo desde el primer momento. O no le servirás.

- *La formación es una de nuestras prioridades.* Si te forman piensan que tarde o temprano te irás y habrán invertido en ti para que acabes aplicándolo en la competencia, así que a rendir y mañana veremos.

- *Somos un gran equipo.* Mejor un gran grupo, donde no hay sinergias sino desconfianzas e individualidades incomunicadas. Un gran equipo puede ser una amenaza para el jefe tóxico, pues podría organizarse para cuestionar su autoridad y su forma de gestionar el poder.

- *Tenemos un gran potencial.* Es a medias una verdad y una mentira, ya que el potencial colectivo existe pero el jefe lo neutraliza con la desmotivación, y nunca podrá obtener de él toda su capacidad. Así el potencial más que una realidad es una inútil utopía.

- *Premiaré tu rendimiento y tu productividad.* Siempre habrá una excusa para hacer ver que tus resultados no los has conseguido con tu esfuerzo, sino gracias a él o al valor de *su* marca en el mercado.

- *Tu opinión es importante.* Y cuando tres veces opines, y tres veces te dirán que tu aportación no sirve, que no te enteras, o que para eso mejor te calles. Y entonces acabarás callado para siempre.

El jefe tóxico miente de forma consciente buscando efectos inmediatos, pero incapaz de evaluar los nefastos resultados en el largo plazo, porque nunca va a reconocer sus errores. No le importa que le descubran, no le importa que le juzguen, porque todos tienen los días contados.

No le importa que le descubran, no le importa que le juzguen, porque todos tienen los días contados.

Te promete lo que nunca cumplirá, pero hará que pienses que sí lo va a cumplir y te lo creerás. Algunos te dirán que no tiene mala intención, que en el fondo no es mala persona y tiene corazón, y posiblemente a veces hasta te lo creas.

Sus visiones son alucinaciones que no se basan en objetivos, sino en sus propias expectativas, que son ocultas e irreales, indefinidas y cambiantes. No te las dirá porque sabe que no serán las mismas esta semana que la que viene. Y así es muy complicado saber qué espera de ti y poder trabajar para conseguirlo. Es un incumplidor nato.

A Fran ya no le afectaba porque ya lo conocía varios años, pero algunos de sus compañeros cada principio de año escuchaban de su jefe una frase esperanzadora: *"Este año van a cambiar muchas cosas"*. Fran sonreía, ya la llevaba escuchando casi diez años. Era como una cita anual en el calendario, un ritual de cada enero, pero si nunca antes había cambiado nada, esta vez no iba a ser diferente. Los demás, mientras, se ilusionaban pensando que el jefe estaba reconociendo algunos de sus errores.

PARA QUÉ MIENTE

Miente en muchas ocasiones; miente cuando dice que tiene información de tus clientes que a ti ellos no te cuentan, con los datos que maneja, sobre la opinión de los demás sobre ti o acerca de los motivos por los que algunos ya dejaron la empresa.

Y así la mentira se convierte en un arma de control y manipulación. Lo hace con intención, de forma consciente y deliberada, para conseguir unos fines:

- **La glorificación de sí mismo**; ser más que nadie, sentirse por encima de los demás. Esto provoca, según diversos estudios de psicología sobre la mentira, una situación de felicidad momentánea, porque esta mentira no siempre oculta un fin destructivo.
- **Dividir**; para evitar la creación de grupos fuera de su control y mantener el colectivo controlado a partir de sus individualidades. En este caso la mentira tiene una intencionalidad negativa: la del enfrentamiento entre las personas y la ruptura de relaciones.
- **Poseer el control y ejercer el poder** ante la imposibilidad de ser contradicho, lo que le sirve para aprovechar la desconfianza reinante y mantenerse como la única autoridad moral.

En un ambiente basado en la mentira es muy difícil conocer lo que es verdad y no lo es, lo que nos mantiene en un permanente estado de alerta, incertidumbre y desconfianza.

Y QUÉ PODEMOS HACER

La psicología propone reaccionar de forma asertiva ante el mentiroso: *explícale cómo te sientes, no le pongas en evidencia, intenta que no te afecte…* pero coincidirás conmigo que no es tan fácil. Si enfrentarse a la mentira ya es de por sí delicado, mucho más resulta si se trata de tu jefe. En condiciones normales puede ser relativamente sencillo de gestionar pero bajo un ambiente tóxico la mentira es un arma destructiva que está lanzada para provocar daños.

Bajo un ambiente tóxico la mentira es un arma destructiva que está lanzada para provocar daños.

Si la mentira es de tu jefe y no te afecta directamente será mejor obviarla y no obsesionarse siquiera en descubrir la verdad. Por ejemplo, cuando dice *"he conseguido una importante reunión con un gran cliente que se nos resistía. A ver si aprendéis y hacéis lo mismo".*

Pero si la mentira te afecta es otra cosa. Ante una aseveración como esta: *"Me han llamado de esta empresa y me han dicho que ni siquiera has intentado contactar con ellos para hacerles una oferta"* sería conveniente contrarrestar la información y hacer ver que conoces la verdad o directamente que no es cierta la afirmación.

Por último si la mentira incluye a una tercera persona, y se enuncia con el objetivo de dejarte en mal lugar para que desconfíes de tu compañero, *"Ya me ha dicho Juan que no tienes intención de ir a visitar a este cliente, así que ya iré yo"*, será mejor que hables con tu compañero para evitar una relación de desconfianza y que aflore la verdad de forma sincera.

En definitiva la mentira es un arma de defensa y de ataque, para su gloria personal o para fomentar la división. La mentira corroe por dentro al equipo y crea un clima de desconfianza, y donde domina la mentira desaparece la verdad.

Divide y vencerá

El individualismo es la antítesis del trabajo en equipo; es decir, de la esencia de la productividad, la sinergia y la eficacia. Sin embargo el jefe tóxico hace lo posible por quebrar esta dinámica. ¿Por qué lo hace?

No hay una explicación razonable, como no la hay para ninguna de sus actitudes tóxicas. Es incomprensible y es ilógico, pero es sin duda una de sus cualidades más visibles; la ruptura de las relaciones grupales. Le gusta el ambiente tenso, que la gente se centre tan solo en su trabajo.

Cuando Dolores recibió el encargo de un proyecto de consultoría estratégica para un cliente de la zona norte propuso a su jefe, dada la envergadura del trabajo a realizar, crear un equipo para aumentar la eficacia y la calidad y poder cumplir los plazos. La respuesta fue: *"Mira Dolores, el trabajo en equipo es una pérdida de tiempo y una forma de eludir responsabilidades individuales. ¿Es que no sabes hacerlo o no eres capaz de hacerlo tú solita?"*.

Quiero pensar que el individualismo es más una consecuencia que un fin en sí mismo, cuesta pensar que es la intención directa.

EL INDIVIDUALISMO

El **individualismo** se orienta al cumplimiento de los objetivos a través de la independencia y la autosuficiencia. La **independencia** otorga libertad de acción y nos exime de dar explicaciones de nuestros actos, mientras que la **autosuficiencia** es la capacidad de valerse por sí mismo, no necesitando la ayuda de los demás. Estos conceptos son, evidentemente, incompatibles con el trabajo en equipo y las relaciones grupales.

Los individualistas pueden serlo por varias razones. Una primera es el propio convencimiento, cuando estas personas buscan **acomodarse** en trabajos que les ayudan a mantener **su propio ritmo de trabajo**, como autónomos, *freelance* o algunos perfiles comerciales.

Hay un segundo grupo formado por personas que, dentro de una organización, aspiran a **mayores cotas de independencia** y harán lo posible, a través de su propio esfuerzo para conseguirlo.

En tercer lugar se encuentran aquellas que, en empresas mal organizadas o en equipos improductivos, optan por el individualismo para poder seguir cumpliendo con sus **objetivos y aspiraciones personales,** y evitar así ser partícipe de derrotas ajenas a él.

Y existe un cuarto grupo que son las **empujadas por jefes tóxicos.** Cuando el jefe fomenta el individualismo obliga a personas que no lo son por naturaleza a actuar como tales, influidas por la presión, el engaño y la falta de confianza en los demás.

Si analizamos las consecuencias positivas de la generación de un ambiente individualista, en una mente lúcida pero algo retorcida, podríamos intuir:

- Mantiene la presión del trabajo, provocando que las personas se centren en su productividad y objetivos personales.
- Evita la creación de pequeños grupos que puedan suponer una amenaza a su autoridad.
- Imposibilita el afloramiento de un liderazgo natural que amenace su figura.
- Marca las responsabilidades individuales sin que se diluyan en otras personas.
- Fomenta el autoaprendizaje y la proactividad frente al desconocimiento y el riesgo de equivocarse.

El jefe tóxico es consciente de los efectos positivos de la generación de este individualismo, pero estoy seguro de que no se da cuenta de los efectos fatales de fomentar esta actitud.

El individualismo es la corrupción de un equipo, lo arruina por dentro neutralizando y haciendo imposible la sinergia necesaria, el apoyo mutuo y el tránsito generoso de la información.

El individualismo es la corrupción de un equipo, lo arruina por dentro neutralizando y haciendo imposible la sinergia necesaria.

MEJOR EN EQUIPO

La diferencia entre grupos y equipos no solamente se establece por el resultado de su trabajo sino por la propia organización, ya que es posible construir grupos de trabajo y no equipos para determinados proyectos, por ejemplo relacionados con la investigación o el análisis de la información.

Los grupos de trabajo comparten información pero no tienen sinergia ni responsabilidad colectiva, mientras que sus habilidades son aleatorias y diversas. En equipo el desempeño es coordinado a través de sinergias positivas y responsabilidades compartidas con habilidades complementarias.

Los beneficios del trabajo en equipo son evidentes, por lo que sus pérdidas por ausencia e individualismo lo son también. En este cuadro podemos apreciar los beneficios según los ámbitos personal, colectivo y organizacional.

Personas
- Mayor esfuerzo.
- Calidad en el desempeño.
- Automotivación.
- Compromiso con la tarea.
- Reducción del estrés.

Equipo
- Adecuado tránsito de la información.
- Mejora del ambiente laboral.
- Complementariedad.
- Mayores éxitos.
- Mejores resultados.

Organización
- Mejora de la productividad.
- Retención del talento.
- Gestión del conocimiento.
- Compromiso con la organización.
- Aumento del potencial.

Todo esto está muy bien, pero no siempre es lo habitual en nuestro día a día. Si ahora lees este cuadro en clave negativa podrás valorar lo que pierden las personas, los equipos y la organización al no generar un ambiente adecuado en los equipos de trabajo.

Hay una serie de síntomas que nos ayudan a evaluar si nuestro equipo se encuentra en situación de peligro:

- La **falta de confianza** entre sus miembros por cualquier motivo personal o profesional, o de los miembros con el jefe por su actitud negativa hacia el equipo.
- La **mala gestión de la información** fruto de esa falta de confianza o como síntoma de actitudes individualistas. No llega completa o llega a destiempo.
- La **inexistencia de un equilibrio** funcional entre sus componentes, responsabilidades duplicadas, roles inadecuados o insuficientes, lo que ralentiza y dificulta la normal actividad.
- Y por último un **liderazgo no comprometido**, que forma equipos pero no los dirige de forma eficaz ni hace el seguimiento adecuado, o ejerce sobre ellos un comportamiento tóxico.

Las posibles consecuencias las podremos adivinar una vez detectada la sospecha sobre la realidad de la situación: el *equipo* se transforma en un *grupo* improductivo e ineficaz y por lo tanto estéril.

UNO MÁS UNO ES CERO

Todos conocemos la fórmula que define la sinergia del trabajo en equipo. Uno más uno son tres porque la suma coordinada de las individualidades multiplica su valor en lo colectivo.

Pero esta fórmula no siempre representa una realidad sino una aspiración; es el resultado de una acción conjunta, la consecuencia de una voluntad compartida, de una actitud colectiva. Lo contrario no suma, pero tampoco deja el resultado en tablas. Indiscutiblemente resta.

La ratonera

El descubrimiento del fuego supuso un gran avance para la humanidad. El calor y la luz en la cueva, además de ayudar en la caza y en la conservación de alimentos, colaboraron en el desarrollo de la comunicación, el lenguaje y el aprendizaje, al compartir más tiempo juntos al final de cada jornada.

Allí los miembros del clan se reunían para contar las experiencias del día y así transmitir la información para que todos pudieran conocer y aplicar cualquier nueva acción que había supuesto un éxito en la caza, la recolección, el cuidado de los enfermos o el descubrimiento de nuevos territorios. Eran las primeras reuniones.

Las reuniones son necesarias pero si están mal gestionadas son una fuente de conflictos en unas ocasiones y una pérdida de tiempo en otras. El jefe tóxico las convierte en una ratonera, es su trampa habitual, donde mejor se siente. Un circo romano donde el público disfruta de forma colectiva del sufrimiento y la humillación de una persona que no tiene posibilidad de escape. Es el jefe trampero.

EL JEFE TRAMPERO

Todo lo que crees que sabes no es suficiente o no es verdad. Él siempre sabe más que tú, y tú eres un engañado que no se entera de nada.

Todo lo que crees que sabes no es suficiente o no es verdad. Él siempre sabe más que tú, y tú eres un engañado que no se entera de nada.

Si puede te lo reprochará en público, ya que en privado no tiene el mismo efecto. Porque quiere rebajarte, porque nadie puede estar a su altura y porque necesita aumentar tu dependencia de él fortaleciendo así su dominio.

El jefe tóxico es tramposo; cuando el jefe carece de principios éticos no es de extrañar que termine cometiendo injusticias. Te destapará culpabilidades, unas ciertas y otras no, y diseñará a conciencia la trampa en la que caerás y de la que te va costar salir indemne.

María acudió a una reunión urgente llamada por su jefe. Cogió papel para tomar notas y su portátil por si era necesario consultar algún dato. Al entrar en la sala se encontró con un compañero de trabajo, Alfredo. El jefe le indicó que se situara enfrente de Alfredo mientras él se quedaba en el centro, entre los dos.

Y dijo: *"Bueno María, tú me dices que acordaste con Alfredo que él haría el informe que necesitábamos hoy, y Alfredo me dice que eras tú quien se ofreció para entregármelo, así que uno de los dos miente. No salís de esta sala hasta que quede claro quién miente porque hoy necesito el expediente. Sí o sí"*.

La situación era de alta tensión. Se quedaron mirando a la cara los dos, primero con una expresión de ira y luego de asombro. Al final María, resignada y de mal humor, se encargó de terminar el maldito expediente en un sentimiento mutuo de traición, pero ninguno de los dos reconoció haber mentido, porque ninguno lo hizo.

Al concluir la jornada salieron a la calle a comentarlo. Ambos juraron que no habían dicho lo que el jefe les atribuía y que ninguno de los dos sabía que el expediente era para ese día. Es el circo donde los gladiadores luchan a muerte mientras el césar observa y disfruta.

LOS JUICIOS PÚBLICOS

Los juicios públicos son su especialidad. Todos conocemos las normas básicas para la gestión de reuniones eficaces, que no son tantas. Pero hay algunas fundamentales que nos afectan directamente en lo personal, como ser convocado con tiempo, saber qué se espera de ti, qué datos debes aportar, y quiénes son los convocados. Con esta información puedes plantear una reunión donde tu rol en ella quede clarificado y así evitar imprevistos o al menos reducir la incertidumbre.

¿Queda claro todo esto cuando te llaman a una reunión? Si la respuesta es afirmativa, enhorabuena. Si por el contrario no lo es, y algo no te cuadra o se salta de forma habitual alguno de estos puntos, mal asunto.

Habrás vivido situaciones de todo tipo en tus reuniones. En mi experiencia en formación y consultoría con empresas y equipos sobre reuniones eficaces hay algo común en la mayoría de las valoraciones negativas sobre la utilidad de las reuniones; *son una pérdida de tiempo*. Pero en privado la cosa cambia a peor, y muchas personas me confiesan de forma reiterativa: *"Son una trampa"*.

Cuando el jefe tiene a alguien en su punto de mira, que suele ser cada semana, no hay nada como aprovechar una reunión para desplegar sus dotes de césar y dar paso al espectáculo de un linchamiento público.

EL EFECTO HUMILLACIÓN

El efecto que provoca en las personas esta situación suele ser demoledor. Un reciente estudio realizado en la Universidad de Ámsterdam concluyó que el sentimiento de humillación generaba en el cerebro una actividad mucho más rápida e intensa que la alegría, más negativa que la ira, y además activaba las áreas vinculadas al dolor.

Lucía me escribió su experiencia en las reuniones de su departamento comercial en una empresa de alimentación. Así eran:

"Acudes a una nueva reunión imprevista, como casi todas. Nadie sabe de qué va esta vez y durante los minutos previos a entrar en la sala la gente se pregunta entre ella: ¿De qué va? ¿A qué hora terminará? ¿Tú también entras?

Comienza la reunión. Nunca es para transmitir buenas noticias, esas nunca se transmiten, no vaya a ser que la gente se venga arriba. Todos escuchan y se abre ronda de intervenciones por responsables de áreas.

Cuando una persona termina su intervención y no hay contrarréplica del jefe, se pasa al siguiente. La interviniente respira y piensa: hoy me he librado.

Pero hay un momento en que tras una intervención de un compañero, si es que el jefe le deja acabar, se palpa la tensión en el ambiente. Una pregunta sin respuesta, un dato solicitado no previsto, una noticia que desconocías... y cae la reprimenda pública. Puede haber un motivo, una justificación, pero te crea una situación de tensión que podría haberse evitado. Es la trampa, todo estaba previsto. Te cae sin la más mínima piedad.

El resto de los presentes miran al suelo, hacen como que está tomando notas de algo, te compadecen. El ataque se convierte en acusación, y la acusación en humillación. No hay posibilidad de contraataque. Pasa al siguiente.

Cuando termina la reunión casi todos te ignoran, tratan de evitar que el jefe perciba solidaridad o debilidad en ellos. Pero tus mejores compañeros te animan discretamente para que no te vengas abajo.

En cuanto surge la oportunidad, fuera ya del despacho, alguien te dice: que no deberías permitir que te trate así, que debes recurrir a tu dignidad y plantar cara, que deberías pararle los pies.

Sabes que debe ser así o esta situación acabará con tu autoestima, con la poca que te queda. Y a la siguiente reunión te envalentonas y lo haces: respondes que esa no es la forma, que no es cierto, que debería haberte avisado antes, que hay cosas que no hay que decir en público . Y él entonces calla.

Crees que has ganado esa batalla, que la has dejado en tablas. Pero seguramente estarás sentenciado, no lo dudes".

Un relato dramático pero realmente descriptivo que sirve para tantas y tantas personas que habrán vivido una situación similar.

Otra manipulación habitual de las reuniones que convocan los jefes tóxicos es la hora de inicio: *La hacemos quince minutos antes de iros y así será corta.* Sabes que no será cierto y que se alargará mucho más tiempo. Ha sacado más rendimiento al día y te ha demostrado quién manda. Y te vas a casa más tarde de lo habitual, sin necesidad. Y él satisfecho.

¿Y qué podemos hacer? Ante una reunión debes saber para qué eres convocado, y aunque no te lo digan pregunta el objetivo de la reunión y qué datos debes aportar. Calcula si te va a dar tiempo a preparar los datos y a explicarlos, y no es así avisa por escrito.

Analiza qué preguntas te puede hacer, y prepara las respuestas, como si fuera un examen, porque va a ser incluso peor que un examen.

Si te piden un dato que no tienes y del que no te habían avisado, responde con firmeza que ese dato no está preparado porque nadie te ha avisado de que era necesario para esa reunión.

Pero ante todo no eludas responsabilidades, asume errores en vez de diluirlos y comprométete a facilitar el dato en un tiempo prudencial.

Bailando con lobos

Una de las habilidades directivas planteadas en muchos manuales trata de **la gestión del jefe**, y no es casualidad que figure a la altura de otras habilidades como el liderazgo o la gestión de equipos, puesto que el jefe, nuestro responsable superior, es una pieza clave en nuestra labor diaria, nuestro rendimiento profesional y nuestro compromiso con la organización.

Hago esta mención para puntualizar la influencia que recibimos de nuestro jefe y cómo podemos gestionarla, porque una persona puede ser el jefe de un grupo y no ser su líder y, al contrario, puede ser el líder sin ser el jefe.

- El **líder** gestiona su responsabilidad hacia el trabajo y el equipo en base a la influencia que ejerce, es la *autoridad moral*. No tiene por qué ostentar una posición jerárquica o un poder delegado, o no siempre recurre a ella.
- El **jefe** decide lo que hay que hacer en virtud de la autoridad, porque la ejerce desde la responsabilidad de sus funciones.
- El **jefe tóxico** posee cualidades positivas pero gestiona su autoridad a través del miedo y la presión; piensa que es su mejor palanca de gestión para obtener resultados y le importan menos o nada las personas.

Ahora se trata de comprender nuestra situación y gestionarla de la mejor manera posible, la que menos daño nos infrinja, y depende de nosotros aunque sea en pequeña medida.

LOS EMPLEADOS QUE MERECE

El ejercicio de la dirección de personas, sea cual sea el estilo de liderazgo aplicado, crea una cultura entre los subordinados, una actitud de libertad o sometimiento, de motivación o de inacción.

Si analizamos las tipologías de subordinados de Robert Kelley[40], en función de estas líneas de acción directa entre la dependencia y el nivel de actividad que generan, obtenemos una matriz que nos define cuatro tipos de subordinados:

El resultado de esta matriz nos define 4 tipos de subordinados:

1. **Estrellas**. Son los empleados ejemplares, con desempeño sobresaliente y con alto potencial. Les motiva el ambiente y poseen elevado nivel de automotivación. Cuestionan al líder y proponen soluciones, manteniendo un alto compromiso con la tarea, con la organización y los resultados. Son proactivos, con iniciativa y en actividad permanente. Valoran el lado positivo de su líder.

2. **Alineados**. Son aquellos que mantienen una escasa iniciativa, pero con un nivel de actividad aceptable. Se adaptan según la situación, hacen lo que hacen los demás, son cumplidores y más comprometidos con la tarea que con la organización. Trabajan por el resultado y por propia responsabilidad. No están demasiado interesados en el líder.

---

40 Robert Kelley: experto investigador en comportamiento organizacional. Universidad de Colorado, USA.

3. **Corderos o conformistas.** Los que realizan la tarea con el mínimo esfuerzo para mantener su puesto de trabajo y mantienen obediencia por temor a la sanción. Con escasa iniciativa y bajo nivel de actividad. No cambian y mantienen el compromiso por obligación y necesitan ser orientados constantemente. Asumen al líder como un jefe y poco más.

4. **Esclavos o pasivos.** Se consideran mano de obra que se activa bajo órdenes con una mínima actividad sin uso de la fuerza. Sin apenas implicación con la tarea, el grupo o la organización. Para ellos el concepto de jefe tiene componentes negativos.

En una empresa normal, bajo un liderazgo efectivo, la mayoría de los subordinados se situarían en la zona *estrella*, unos pocos *alineados*, y algunos *corderos*, pero *esclavos* pocos.

Bajo un estilo tóxico de liderazgo, ¿dónde creéis que se sitúa la mayoría? Máxima dependencia, máxima pasividad, y así es imposible mantener un ritmo natural, un ambiente laboral adecuado para el cumplimiento de objetivos colectivos. Los empleados son principalmente *esclavos*, con algunos *alineados* y *corderos*, pero muy pocos o ningún **estrella**.

Cuando en una organización se obtiene esta última matriz, la productividad está en peligro y también la sostenibilidad de la empresa o el equipo, pero eso parece importarle bien poco al jefe tóxico. O no lo sabe, o no lo entiende o, como ya hemos visto, es incapaz de evaluar las consecuencias.

No olvidemos que este jefe mantiene el poder a través de la propiedad o una delegación casi absoluta del poder, por lo que el rendimiento de cuentas o no existe o no es determinante.

LA GUARDIA PRETORIANA

Por fin vamos a dar cuenta de esa primera línea de protección del jefe tóxico, de aduladores y peloteros, de chivatos y perros de presa que acuden al poder a cubrirse bajo su manto dominante y protector.

Cada uno cumple su función, todos en armonía sin necesariamente trabajar en equipo. Como si se tratara de los Roles de Belbin[41], otro de los referentes ideales para la construcción de equipos compensados, desempeñan en lo individual una misión colectiva: mantener a su líder, al *Amado Líder*, porque para ellos sí lo es, a pleno rendimiento y a salvo de cualquier interferencia.

---

41   Teoría de Roles de Equipo Belbin: Dr. Meredith Belbin (1981).

El jefe los controla a la perfección, en esto es un maestro, y mantiene a cada uno en su posición sin necesidad de estar coordinados, perpetuando su reinado. Distinguimos seis tipologías entre su guardia de honor y vamos a analizar quiénes son, por qué se comportan así y cómo tratarlos.

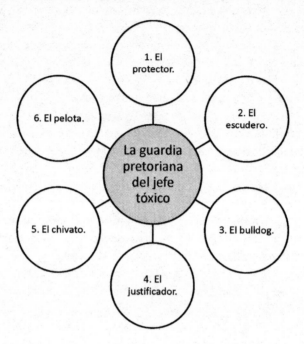

1. El protector

Siempre hay alguien que protege al jefe tóxico, alguien por encima de él que lo sostiene y le mantiene a salvo.

Según el tipo de organización puede ser alguien de la propia empresa, el CEO, un consejero, un directivo con quien mantiene una relación más allá de la empresa; un familiar, alguna amistad anterior, alguien que pertenece a su mismo club. También puede ser alguien externo como un gran cliente, alguien vinculado a la política, la administración pública o uno de los principales inversores.

Esta persona juega un papel relevante y cómplice pues le da cobertura moral y evita ante los demás la sensación de aislamiento, a la vez que crea un círculo defensor que evita la denuncia ante otras instancias de las injusticias cometidas o los desmanes relacionales.

Es posible que no sepas quién es, pero debes intentar averiguarlo. Puede ser importante para tu supervivencia y evitará que metas la pata en un descuido. Si lo descubres, mejor que nadie se entere que lo sabes y guarda esa información para ti, y si no lo averiguas, no juegues a especular con tus compañeros quién puede ser. No sabes qué intención puede llevar cada uno y la vida da muchas sorpresas.

2. El escudero

No hay héroe sin escudero, ni tampoco villano que no lo tenga. El jefe necesita un escudo defensor que repela golpes y dardos, que proteja el jefe de todos los males y quejas posibles, un ejecutor que aplique sus órdenes sin remordimientos. Suele ser la persona de la empresa que más tiempo lleva junto a él, lo que significa que ambos se han aguantado y aceptado mutuamente, y ya han pasado lo peor.

Siempre está a su lado, actúa como subalterno y goza de cierta, no total, inmunidad frente al jefe. Se encarga de dar las malas noticias al equipo, de comunicar despidos y de dosificar las reprimendas del jefe cuando lleva varias acumuladas o se encuentra ausente.

Amortigua los escasos momentos reflexivos del jefe tóxico cuando concluye que ha sido demasiado duro en algún momento o varias veces seguidas, pero no quiere que disminuya la presión.

No es difícil de identificar porque es un perfil evidente: siempre está a su lado. No es necesariamente tóxico, simplemente es un superviviente que asume su rol de *alter ego* de su líder.

Puede ayudarte o compadecerte, en esto puede ser un anclaje, pero nunca olvides que tiene clarísima su lealtad y esta es inquebrantable, por lo que no esperes nada de él que no te vaya a dar. No es tu aliado, si lo entiendes como tal te fallará.

3. El bulldog

Es un perfil de persona complicado pero muy presente. Puede ser un mando intermedio, una persona experimentada o puede no ostentar ningún cargo jerárquico ni recibir ninguna cesión de autoridad por parte del jefe, pero en ambos casos él mismo se erige en vigilante del ritmo laboral.

Es un perro de presa, un compañero de tu trabajo que, viciado por el ambiente, se convierte en una persona infectada por los males del jefe tóxico. Solo le mueve el rendimiento laboral y parece que la empresa sea suya. Es cumplidor y proactivo, y no soporta ver que los demás solamente siguen el ritmo si el jefe está presente. Mantiene la tensión sobre los demás sin necesidad de reconocimiento de nadie ni contraprestación alguna. Es así.

Es objetivo de miradas criminales de sus compañeros, porque no entienden su actitud. El jefe, mientras, lo sabe y sonríe.

Ante un bulldog, a título individual, márcale los límites en cómo debe afectarte su actitud pero en todo caso debe ser el propio grupo quien lo aísle y se defienda frente a él. Valora el respaldo que tiene desde el jefe, pero debes tener en cuenta que no siempre dispone de autoridad para comportarse así.

4. El justificador

Siempre le da la razón, asiente con la cabeza gesticulando ostensiblemente. Es un componente extraño de su guardia, pues su actitud suele generar desprecio del jefe y rechazo de sus compañeros. Son personas con poco tiempo en la empresa y que por cualquier motivo mantienen relaciones distantes con los demás.

Su actitud se basa en respaldar y dar cobertura a las decisiones de su Gran Jefe, asumir en público que son necesarias y justas, o dejar en el ambiente la sensación de *"es lo que hay"*. El jefe tiene identificada a esta persona pero no es de su estilo, porque lo que difícilmente será mantener con él una relación de cordialidad o confianza. Nadie sabe por qué lo hace, pero no deja de hacerlo. Y ahí está su cabecita asintiendo en cada reunión, en cada juicio público, mirando el papel sobre la mesa o la pantalla del ordenador mientras escucha a su reverenciado líder.

No te preocupes por él, más bien puedes compadecerle. No suele ser nocivo, por lo que lo mejor que puedes hacer es la total indiferencia.

5. El chivato

Su papel es destructivo pues focaliza en las personas la diana de la ira del jefe. Puede ser un servidor fiel pero nadie le anima a hacerlo, ni siquiera el propio jefe, por lo que actúa de forma autónoma decidiendo qué cuenta y qué no cuenta. Cumple una función colaboradora frente al que considera su líder pues ayuda a mantener el control obsesivo de lo que ocurre fuera de su alcance.

El chivato es el peor compañero que puedes tener, pero los hay en casi todos los rincones. Puede ser un comportamiento movido por una decisión personal o puede ser promovido por un jefe.

En su actitud no necesariamente vamos a encontrar una traición ya que posiblemente el chivato busque, a través de su filtración, una valoración positiva hacia su persona de otros compañeros o de los responsables, motivado por una interpretación desacertada del compromiso.

La intencionalidad en la delación es otra cuestión a analizar, al igual que la veracidad o las pruebas de lo delatado. Si al chivato se le otorga confianza y se le premia con beneficios, poder o influencia, estamos ante otra de las causas de la quiebra en el funcionamiento de los equipos y en la potenciación de un ambiente laboral tóxico.

Por eso es necesario detectarlo, hacerle saber que lo hemos descubierto, y aislarlo. No te sientas mal por ello.

6. El pelota

Al pelota le mueve un impulso de compromiso mal entendido. Quiere creer o hacer como que cree en la organización, en el jefe y en sus formas de gestión.

No siempre es un rol negativo mientras vaya a la suya, pero si mueve el codo para moverse por delante de los demás se confundirá con el *trepa*. Puede tener buenas relaciones con los demás, pues es una decisión personal que no tiene por qué afectar negativamente a los que le rodean.

Al jefe no le gusta el pelota y tampoco lo necesita. Dura poco porque un ambiente tóxico no es el entorno ideal para esta tipología, pero es así y su escasa altura de miras le lleva a equivocarse y a adoptar este papel hasta que se da cuenta de que no consigue nada y termina cambiando de actitud.

Al igual que con el justificador, la mejor reacción que podemos tener ante él es la indiferencia.

INVESTIGA QUIÉN ES QUIÉN

Ahora deberías identificar en tu equipo quién tiene cada rol, cuídate de los peligros que te pueda acarrear cada uno de ellos y mantén en cada caso la relación y la distancia adecuada.

Analiza comportamientos, observa con detenimiento y precisión. Intenta detectar comportamientos que les delaten, porque no debes juzgarlos sin pruebas.

Una vez tengas los roles asignados intenta comprenderlos, analiza por qué se comportan así, qué les mueve a adoptar esa actitud. Puede ser una valoración del deber mal entendida, una necesidad de supervivencia o su propia personalidad.

Puedes hacerles ver que les has descubierto, que sabes cómo y por qué actúan así, y avisa de forma asertiva que no vas a tolerar que te afecte negativamente.

Trabaja la cohesión del equipo porque debe jugar un rol importante en la defensa de cada uno y de aislamiento de la persona tóxica.

Y, por aquello de la humildad, analiza si te comportas como alguno de ellos, y si es así cambia cuanto antes.

La huella tóxica

LOS 4 VÍNCULOS

Seguro que somos conscientes del poder que ejerce la comunicación en las personas y el entorno, pero como afirmaba John Maxwell[42], más allá de la comunicación está la relación. *"Relacionarse es la aptitud de identificarse y establecer lazos con las personas de un modo tal que aumenta la influencia que se tiene sobre ellas"*. Relacionarse es escuchar, observar, aprender, conversar. Tan sencillo y tan potente.

Las relaciones son una condición indispensable de nuestro progreso. Con ellas transmitimos una imagen, ofrecemos un prestigio y recibimos de los demás el juicio de la reputación.

Lo que las personas **ven** tiene mucho que ver con la imagen pero también con nuestra actitud. El jefe tóxico suele tener una imagen visual de dureza y malestar permanente, lo que nos transmite negatividad, frente a otra cara amable e inspiradora, lo que nos genera confusión.

Lo que las personas **entienden** precisa que sea veraz y responsable con opiniones y argumentos, reconociendo sus propios errores. Pero lo cierto es que las personas ni entienden ni comparten nada de lo que ocurre a su alrededor. Por otro lado el jefe no dará de forma consciente argumentos sobre su debilidad.

Lo que las personas **sienten** es lo que les llega al corazón. Y los sentimientos bajo un liderazgo tóxico son negativos, muy negativos. El corazón queda herido, desacompasado y con apenas sentimientos.

---

42 *El Poder de las Relaciones*, John C. Maxwell (Editorial Harper Collins, 2010).

> *Lo que las personas sienten es lo que les llega al corazón. Y los sentimientos bajo un liderazgo tóxico son negativos, muy negativos. El corazón queda herido, desacompasado y sin sentimientos.*

Lo que las personas **escuchan** y en qué tono lo escuchan es el último de los cuatro vínculos de la comunicación y de la generación de relaciones. Si lo que escuchan son expresiones de apoyo, orientación o reconocimiento, y el tono es positivo y motivador, aunque no exento de represión cuando sea necesario, el resultado será igualmente positivo. Pero si este tono es negativo imagina todo lo contrario y acertarás.

LA MARCA PERSONAL ES LA HUELLA

La marca personal es la huella, el efecto que dejas en los demás y se genera, entre otras cosas, a partir de estos cuatro vínculos. El líder, como guía, coordinador y responsable de un equipo de personas, está sujeto a una relación constante, natural o forzada, y a una capacidad de influencia relevante.

Richard Branson[43] decía: *"No puedes ser un buen líder a menos que te guste la gente. Es la mejor manera de obtener lo mejor de ellos"*. Para el jefe tóxico esta afirmación es un problema; su realidad es cambiante e inestable lo que, unido a su egocentrismo y a la falta de relaciones sociales naturales con los integrantes de su equipo, nos lleva a una contraposición total entre lo que *vende* a los demás y lo que los demás *reciben* a cambio.

Eva me contó que en una conversación incómoda sobre las relaciones internas en su departamento escuchó de su responsable de recursos humanos una frase que la dejó marcada *"los jefes me dicen en privado que lo peor de este trabajo es gestionar a las personas"*. Entonces ¿cuál es su trabajo?

El jefe tóxico, ya lo sabemos pero lo repetimos, se tiene en alta estima. Posee o cree poseer una serie de cualidades que podemos diferenciar en 4 niveles:

---

43 Richard Charles Nicholas Branson: fundador de Virgin Group.

IDENTIDAD. Lo que es en positivo y en negativo.	**ACTITUD.** Lo que es en función de cómo se comporta.
FALSA IDENTIDAD. Lo que cree ser, partiendo de su narcisismo.	**SU YO ASPIRACIONAL.** Lo que le gustaría ser.

Con estos cuatro niveles, estas cuatro partes de su *yo* tan diferenciadas, es totalmente imposible disponer de una marca personal real, auténtica y coherente.

En el liderazgo negativo hay un desequilibrio, un enfrentamiento permanente entre los cuatro. Expresiones como *"ya lo veía venir"*, *"si no estoy yo nadie trabaja"*, *"siempre tengo que estar encima"* le definen y le delatan de forma constante. Su huella es evidente.

Por el contrario, la marca personal del líder positivo, en cualquiera de sus versiones y estilos, genera percepciones claras y evidentes, juzgadas por su actitud y el efecto de esta sobre las personas y la organización.

También tenemos ya claro que el jefe tóxico ha llegado a un puesto de responsabilidad, dirigir una empresa, una delegación, un departamento o un equipo, y por lo tanto dispone de una serie de cualidades, algo que damos por cierto en la mayoría de los casos.

Tras analizar diferentes estilos y actitudes de los jefes tóxicos se detalla a continuación un cuadro donde se ordenan los ingredientes de cada una de ellas, y queda como sigue:

LO QUE ES	LO QUE CREE QUE ES	LO QUE PIENSAN QUE ES	LO QUE LE GUSTARÍA SER

• **POSITIVO**
  • Especialista.
  • Comprometido.
  • Creativo.
  • Experimentado.
  • Orientado a resultados.
• **NEGATIVO:**
  • Capacidad de mando.
  • Soberbio.
  • Autoritario.
  • Acomplejado.
  • Inestable.
	• Sabe más que los demás.
	• Visionario.
	• Respetado.
	• Paternalista.
	• Innovador.
	• Motivador.
	• Líder nato.
	• Estratégico.
	• Protector
	• Único.
		• Arrogante.
		• Obsesivo.
		• Sin sentimientos.
		• Temido.
		• Controlador.
		• Cortoplacista.
		• Egocéntrico.
		• Rompedor de relaciones.
		• Adicto al trabajo.
		• Justiciero.
			• Reconocido.
			• Experto.
			• Envidiado.
			• Poseedor de la verdad.
			• Exitoso en lo económico.
			• Adorado.
			• Influyente.
			• Referente.

Evidentemente este cuadro de atributos no representa una regla general. No todos reúnen las mismas cualidades ni responden a este mismo esquema, pero sí representa el modelo general que pretendo transmitir a partir de este análisis de referencias, opiniones y experiencias recabadas.

La marca personal del jefe tóxico, la percepción que se tiene de él y se manifiesta, es la realidad, la que cuenta y la que genera el juicio de los demás. Porque es un cúmulo de interferencias y frustraciones que difícilmente pueden ser cambiadas.

CON PRESTIGIO Y SIN REPUTACIÓN

Si partimos de que el **prestigio** es lo conseguido por méritos propios, como el expediente formativo o la trayectoria profesional, la mayoría de perfiles tóxicos, al menos los más representativos, disponen de suficientes ingredientes para disponer de un prestigio a un buen nivel.

Han estado en varias organizaciones o se han movido entre diversas áreas de la empresa, siempre en un estatus de jefe de equipo o directivo. Han cumplido con los objetivos que de ellos se esperaba pero han dejado un auténtico cementerio de talento allí por donde han pasado.

Esto les genera una **reputación**; es decir, la opinión de los demás sobre su persona y su actividad. Es una reputación enfrentada en dos direcciones; positiva frente a la jerarquía porque da resultados a corto plazo (lo califican de líder), y negativa en las personas que las sufren (le llaman jefe).

Esta reputación llega al mercado con cuentagotas, se va filtrando desde dentro hacia fuera a través de antiguos empleados, clientes y proveedores. Y deja huella.

Por su parte la **generación de confianza,** esa chispa que conecta a dos o más personas y que crea en ellas una posibilidad de reciprocidad, no se crea de la nada ni se genera desde el poder. La confianza tiene un doble componente de seguridad y esperanza.

La confianza es una reacción natural, casi instintiva, por lo que si no hay argumentos en relación con los hechos y pruebas es muy difícil que se establezca. El jefe tóxico recurre a su gran arma para iniciar las relaciones, la seducción, pero pronto queda diluida ante las falsas expectativas, las mentiras y las promesas incumplidas.

Es la vuelta a los éxitos del corto plazo y la imposibilidad de mantenerlos en el tiempo. Se construirá así una imagen rígida e inflexible, experta en equipos inmaduros o situaciones conflictivas. El problema suele ser que es él quien genera el estado de inmadurez, los propios conflictos que luego pretende resolver y con los que justifica su actitud.

Esta abismal distancia entre *lo que parece que es* y *lo que es* realidad genera confusión primero, después falta de confianza y finalmente rechazo, por lo que sus relaciones son inestables y, en la mayoría de los casos, vienen con fecha de caducidad.

Esta abismal distancia entre lo que parece que es y lo que es realidad genera confusión primero, después falta de confianza y finalmente rechazo, por lo que sus relaciones son inestables y, en la mayoría de los casos, vienen con fecha de caducidad.

O bien la organización se da cuenta e interviene para salvaguardar el equipo o bien prescinde de él. Pero no siempre ocurre ni una cosa ni la otra.

ALGÚN DÍA TENDRÁ QUE CAMBIAR

El jefe tóxico, por lo tanto, necesita cambiar. Debe hacerlo por él y por los que le soportan, y por ello tiene que analizar la situación, la realidad de su entorno y trabajar con mucha asertividad el *feedback* para delimitar sus áreas de mejora para trabajar con verdadera voluntad de cambio.

Una estrategia de reconstrucción de marca personal para un jefe tóxico debería pasar una serie de fases:

1. **Autoconciencia**; tengo una actitud que está generando una percepción negativa.
2. **Autoconocimiento**: dispongo de aspectos positivos que no llegan a las personas y se forman una imagen equivocada de mí y de mis intenciones.
3. **Recibir** *feedback* a través, por ejemplo, de entrevistas personales o aplicando la herramienta de *Feedback 270º*, herramienta diseñada para que los empleados evalúen a los responsables de forma anónima.
4. Adoptar una estrategia personal de **cambio de actitudes.**

Pero en la propia definición de jefe tóxico están la soberbia y el egocentrismo, por lo que no parece muy viable una reacción de humildad y voluntad de cambio.

Así que esta solución se antoja muy complicada puesto que han minado la confianza de los demás y domina el miedo a represalias que subjetivan los resultados, por lo que está preso de su propia actitud. Vive en el autoengaño y totalmente ajeno e insensible al daño que provoca en los demás.

Pensar que de él va a partir una reflexión y tras ella una iniciativa, sin que medie una catástrofe mayúscula que la justifique, es soñar despierto. Tal vez un psicólogo o un *coach* directivo podría hacerle reflexionar sobre ello, pero hay una alta probabilidad de que vuelva a las andadas.

Sobrevivir al jefe tóxico

Esto se acaba, y el proceso se ha hecho duro. Los cientos de mensajes SOS recibidos en botellas, en forma de mensajes, experiencias y conversaciones con tantas personas me han llevado a intentar ordenarlas buscando justificación a las actitudes que algunas con cierta amargura y otras de forma anecdótica me han ido trasladando. No ha sido algo premeditado sino más bien sobrevenido.

No es fácil recopilar toda esta información, pasarla por el filtro de mis propias experiencias, y ponerme en la piel de los empleados que las han sufrido para construir el *adn* del jefe tóxico, pero ya está hecho. He respondido a lo que era casi un reto, un compromiso conmigo y con las personas afectadas.

No creo que tu jefe cumpla todas las características, pero posiblemente muchas de ellas sí. Y ya sabes que no eres el único. Como redactaba en las primeras páginas de este libro a partir de la letra de la canción de The Police *Message In a Bottle*, "no estás solo en esto de estar solo".

Pero lo cierto es que algo falla cuando hay una realidad que no aflora de forma transparente y completa, y no deja de ser revelador que la palabra "*tóxico*" ha sido la más buscada en el diccionario Oxford on line durante 2017, nombrada palabra del año por esta institución.

Una vez analizados los entornos, ordenadas y definidas las situaciones, y justificados los comportamientos, tenemos una información interesante. Pero queda lo mejor, o lo peor según se mire: hay que enfrentarse a ello y gestionarlo, pero ¿cómo lo hacemos?

LAS OPCIONES

A la hora de plantear la gestión de un jefe tóxico desde el inicio de la relación con sus subordinados, se analizan dos procesos diferenciados.

El **liderazgo positivo** cumplirá el proceso primero, ya que trabaja las relaciones para el medio y largo plazo. Comienza una fase crítica (*no es lo que esperaba, esto es más duro, aprieta desde el principio*) para luego convertirse en duda (*no es tan malo*) y traducirse en admiración, al experimentar resultados y relaciones satisfactorias con el tiempo. Esta dinámica genera compromiso a medio y largo plazo, que es de lo que se trata.

En cambio el **liderazgo negativo** conseguirá lo contrario. Trabaja desde el corto plazo, despertando una admiración primero, ya que gana en corto y sabe ilusionar y generar compromiso al principio, para ir desmontando la expectativa poco a poco, hasta generar crítica y al final rechazo.

Este proceso mental no es metódico sino instintivo y gradual, lo que significa que el líder debe conocerlo y conducirlo en la dirección adecuada. Si este tránsito se deja sin supervisión ni control, la inercia lo llevará al desastre.

¿Y qué debemos hacer los subordinados? Para gestionar al jefe a título individual, pueden optar por varios niveles de reacción según la gravedad de la situación:

1. **Ser empáticos** e intentar comprender los motivos de este comportamiento del jefe y prevenirlos. Es el primer paso, porque es necesario entender el origen de su actitud, qué tipo de presión recibe o cómo se comporta en su vida personal.

2. Después, **ser asertivos** trabajando la sinceridad en la opinión, siendo directo y honesto y buscando promover cambio y mejora. Y hacerlo desde el principio para marcar nuestros límites. No calles, no cedas mientras puedas.

3. Si tenemos la oportunidad **ser dialogantes**, aprovechar el momento, responder si se presenta la oportunidad de ser escuchado. Si rompemos el diálogo perderemos su capacidad de empatía, si es que la tiene, con nosotros. Por intentarlo que no quede.

4. Si la situación empeora posiblemente tengamos que **callar y asumirla para continuar** intentando que la situación no nos afecte

y con la esperanza de algún día cambie la situación. Sobre todo cuando la tragedia no parece tener remedio y es imposible el diálogo.

5. **Darnos por anulados** y esperar el final en las situaciones donde todo lo anterior no funciona o no es viable, porque sabes que esta situación tiene muy pocas probabilidades de cambio.

6. **Marcharnos**, como última opción pero a veces la única cuando la autoestima va quedando mancillada. Lo notarás cuando te invada la angustia día tras día al ir a trabajar.

Verás que no he mencionado la posibilidad de resistir y ser combativos: ni lo intentes tú solo, no te va a llevar a ningún sitio. Y aunque creas que podrías vengarte no lo harás porque no eres como él, y en todo caso no conseguirías nada. Seguro que otros antes que tú ya lo intentaron y desistieron.

La clave sigue estando en buscar apoyo en el equipo. El apoyo emocional es importante pero no es suficiente, ya que lo único que puede cambiar el rumbo de la situación es la defensa en lo colectivo porque el jefe, como ya hemos visto, intentará dividir. Si lo consigue la situación se tornará mucho más complicada.

ALGO DE CULPA TENEMOS

Ya sé que no siempre podemos elegir, que no es fácil tomar decisiones drásticas y que muy pocos son capaces, por su valentía o porque tienen las espaldas cubiertas, de decir *¡basta!* y marcharse antes de que todo vaya a peor. Lo tengo claro.

Pero tenemos que asumir una responsabilidad personal con la situación porque seguir adoptando el papel de víctimas nos terminará haciendo aún más daño. Tenemos que aprender también de nuestros errores para evitar que la misma realidad se repita y ayudar a otras personas a que no vivan la misma tragedia.

> *Tenemos que asumir una responsabilidad personal con la situación, porque seguir adoptando el papel de víctimas nos terminará haciendo aún más daño.*

Al jefe tóxico no lo vamos a cambiar, seguramente al ambiente que ha creado tampoco, pero podemos poner algo de equilibrio. Una frase que me ha ayudado mucho a superar los malos momentos es la que dice *"si no puedes cambiar las cosas, cambia la forma en la que te afectan"*. Por lo tanto es una actitud mental y también de cambio de pensamiento frente a la situación.

Todo comenzó con una propuesta atractiva, nos lo creímos y no tenemos por qué sentirnos culpables de ello. Vimos en ella o en él a un auténtico líder. Quizá no hicimos caso a algunas advertencias, no quisimos informarnos mejor del lugar al que íbamos o con quién íbamos a vincular nuestros próximos años. El caso es que ahora estamos aquí.

En algún momento desde nuestra incorporación, seguramente al principio, no fuimos capaces de plantear unos límites a la forma en la que se nos trataba o se trataba a los demás, de plantar cara, de decir *así no, conmigo no*. Bien porque no lo hicimos a tiempo, o bien si lo hicimos no fue con suficiente energía.

En los primeros momentos críticos, cuando se comenzaba a dañar nuestra dignidad, no antepusimos nuestros valores como algo irrenunciable. Ese daño, esa anulación de nuestros principios, fue minimizando el dolor una y otra vez hasta que tomamos conciencia de que estábamos sometidos y cautivos de una situación que terminamos por aceptar como si fuéramos esclavos.

Comenzamos a comprobar que sus cualidades como líder quedaban relegadas, aparcadas en la puerta de la empresa, fuera de ella. Esta situación nos condujo a una sensación parecida al *Síndrome de Estocolmo*, de complacencia y justificación, de resignación, que nos cegó por conveniencia para evitar el daño que sufríamos. La máscara de líder quedó al descubierto y apareció la de jefe.

Nuestro pensamiento fue cambiando hasta pensar que las cosas podían ser peor y que mantener el puesto de trabajo era lo primero, lo más importante. Incluso llegamos a pensar que la situación no podría durar siempre, que el jefe terminaría cambiando, hasta que nos dimos cuenta de que no iba a ocurrir. Y nos rendimos ante un jefe tóxico.

No es lo mismo aceptar las cosas y aprender a convivir con ellas que resignarse, porque si las aceptas en cierto modo las superas, pero si te resignas, el daño siempre estará ahí.

No es lo mismo aceptar las cosas y aprender a convivir con ellas que resignarse, porque si las aceptas en cierto modo las superas, pero si te resignas, el daño siempre estará ahí.

DIEZ CLAVES PARA SOBREVIVIR

Para superar esta situación, y ya en las últimas páginas de este libro, he querido analizar el origen, el sentido, las actitudes y las consecuencias de los efectos de un liderazgo tóxico.

Seguramente ya habrás podido recoger muchas claves para comprender mejor las situaciones vividas, la que estás viviendo o las que algún día puedes vivir, y poner algo de luz en la situación. Me alegraría enormemente.

No son recomendaciones ajenas a todo lo expuesto, sino más bien conclusiones de los muchos razonamientos expuestos en este libro. Si te has visto reflejado en ellos te darás cuenta de que van en la línea adecuada, si no es así pueden servirte de antídoto ante posibles situaciones. En todo caso, allá van:

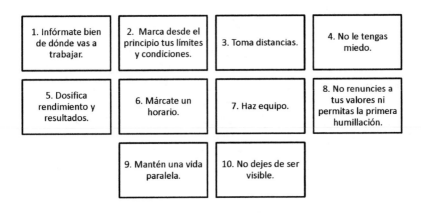

1. Infórmate bien de dónde vas a trabajar.
2. Marca desde el principio tus límites y condiciones.
3. Toma distancias.
4. No le tengas miedo.
5. Dosifica rendimiento y resultados.
6. Márcate un horario.
7. Haz equipo.
8. No renuncies a tus valores ni permitas la primera humillación.
9. Mantén una vida paralela.
10. No dejes de ser visible.

1. Infórmate bien de dónde vas a trabajar

Tanto si ya estás allí como si vas a entrar en una nueva organización tu prioridad número uno es averiguar el estilo de dirección que allí se ejecuta.

Quiénes son tus compañeros, quién es el jefe y qué hay de verdad tras esa imagen de liderazgo y encanto. Quiénes se fueron antes que tú y por qué lo hicieron. Mueve tus contactos, busca antiguos empleados, clientes o proveedores y habla con ellos. No te dejes llevar por su brillante web o lo que te cuente el jefe, su protector o su escudero. Indaga todo lo que puedas, tu ciudad no es tan grande para no conseguirlo y LinkedIn puede ser un lugar perfecto para ello si no consigues nada concluyente a través de tus contactos personales. Y fíate de lo que te cuenten.

2. Marca límites desde el principio

Si te vas a incorporar a una empresa sobre la que tengas ciertas sospechas pero aun así, por necesidad o conveniencia, te decides a trabajar en ella, marca desde el principio límites de lo que estás dispuesto a hacer y a no hacer.

Tu forma de ser y trabajar y sus valores deben quedar claros para tu nuevo jefe. Puede que sirva de nada o puede que sí.

Si hay variables por rendimiento o algún tipo de compensaciones deben quedar claros y por escrito, porque sus palabras no tienen valor: es un incumplidor nato.

3. Toma distancias

Ten en cuenta que tu carrera profesional posiblemente no termine en esa empresa, que cambiarás de empleo. Recuerda que estás en una organización de alta rotación y tarde o temprano te puede tocar a ti.

Si te implicas demasiado en una organización tóxica provocarás que el mercado, que sabe perfectamente quién es quién, te asocie a personas y actitudes negativas, por lo que terminará pensando que las aceptas y te identificas con ellas. Estar junto a un jefe tóxico mina tu reputación de forma directa y puede cerrar las puertas a tu salida.

4. No le tengas miedo

El miedo es lo peor que nos puede pasar en estas situaciones. El Gran Jefe ostenta el poder e intentará dominarte a través de él pero es una emoción personal que puedes aprender a dominar.

Mientras no lo hagas permitirá humillaciones, cederás en todo lo que él quiera y conseguirá hacer de ti una herramienta productiva deshumanizada.

5. Dosifica rendimiento y resultados

No lo des todo desde el principio, dosifícate. Tiene que ver tu potencial real y mientras des los resultados necesarios no te presionará para dar más.

Debes cumplir honestamente con tu desempeño y lo que se espera de ti que hayas aceptado de común acuerdo, pero no te comprometas a hacer lo que no puedas conseguir o trasladarás una decepción constante sobre ti y por lo tanto una presión innecesaria.

6. Márcate un horario

El estrés y la presión ya son bastante carga como para que te los lleves a casa. No es necesario alargar la jornada laboral sin justificación porque se convertirá en algo habitual.

Tienes que dejar claro que no puedes estar disponible 24 horas al día los 7 días de la semana. En cuanto des facilidades, te tendrá atrapado.

7. Haz equipo

Centra gran parte de tus esfuerzos en hacer equipo, en generar confianza para cuando necesites tú o necesite cualquiera el apoyo de los demás.

Sabiendo que el jefe buscará romper esa unidad, debes intentar contrarrestarla mentalizando de la situación a tus compañeros. Pero ten cuidado en tener identificados los perfiles ya descritos, no vaya a ser que tu aliado acabe traicionándote.

8. No cedas ni renuncies a tus valores

Los valores son tus principios, las normas de ética que rigen tu actitud contigo mismo y con los demás. Renunciar a ellos es renunciar a una parte esencial de tu identidad.

No toleres la primera humillación. Si es en persona házselo ver, si es en público no la aceptes sin más. La humillación minará tu autoestima y el respeto de los demás. Una persona humillada es una persona débil para todos y por lo tanto no es útil para nadie.

Aprende a gestionar y dominar las emociones negativas que te provoca la situación, y pide ayuda si la necesitas.

9. Mantén una vida paralela

Hay vida más allá del trabajo. Los amigos, la familia o los momentos de ocio actúan como desfibriladores que permiten a nuestro corazón seguir latiendo a ritmo natural y seguir sintiéndonos vivos.

Pero en esta vida paralela no vuelques tus frustraciones ni te hagas la víctima. La negatividad, aunque no sea provocada por ti, genera rechazo ante las personas, incluso entre las más cercanas.

10. No dejes de ser visible

Posiblemente ni esa empresa ni ese puesto de trabajo van a ser para toda la vida. La definición del ambiente tóxico hace incompatible la estabilidad con esa organización, así que no dejes de mantener actividad personal y profesional fuera de ella.

Acude a eventos del sector, mantén contacto con antiguos compañeros de trabajo o estudios, actividad en LinkedIn u otras redes sociales. Y transmite en entornos de confianza que estás abierto a nuevas oportunidades profesionales.

Y si todo lo anterior no funciona, sal de allí cuanto antes.

Esta edición se terminó de imprimir en **enero** *de* **2020.** *Publicada por*
ALFAOMEGA GRUPO EDITOR, S.A. de C.V.
Dr. Isidoro Olvera (Eje 2 sur) No. 74, Col. Doctores, C.P. 06720,
Del. Cuauhtémoc, Ciudad México
La impresión y encuadernación se realizó en
CARGRAPHICS, S.A. de C.V. *Calle Aztecas No.27*
Col. Santa Cruz Acatlán, Naucalpan, Estado de México, C.P. 53150. México.

7-J3-2J
NEVER -J2-9-23
O   J((NY)